交通职业教育教学指导委员会推荐教材
高职高专院校公路工程造价专业教学用书

高等职业教育规划教材

公路建设法律法规

Gonglu Jianshe Falü Fagui

主　编　田　平
副主编　翟晓静
主　审　梁金江

人民交通出版社

内 容 提 要

本书是交通职业教育教学指导委员会推荐教材，由路桥工程专业指导委员会组织编写。本书从我国公路建设法律关系主体、公路建设程序、公路规划及环境保护、公路建设招标与投标、公路勘察设计、公路建设监理、公路建设安全生产管理、公路建设费用管理、公路工程质量管理、公路建设合同管理、公路建设的法律责任、公路建设纠纷的解决等方面对我国现行的公路建设法规进行了较为全面的介绍，并从法理角度进行了一定的解释。

本书是高等职业教育公路工程造价专业教学用书，也可供道路桥梁工程技术专业、公路工程检测技术专业、公路监理专业、高等级公路维护与管理专业教学使用，或作为有关专业继续教育及职业培训教材，亦可供从事公路建设的工程技术人员和管理人员学习参考。

图书在版编目（CIP）数据

公路建设法律法规 / 田平主编．—北京：人民交通出版社，2007.3

ISBN 978-7-114-06390-9

Ⅰ.公… Ⅱ.田… Ⅲ.道路工程—施工管理—法规—汇编—中国 Ⅳ.D922.296.9

中国版本图书馆 CIP 数据核字（2007）第 013358 号

书　　名：公路建設法律法规
著 作 者：田　平
责任编辑：江　好
出版发行：人民交通出版社股份有限公司
地　　址：（100011）北京市朝阳区安定门外外馆斜街 3 号
网　　址：http://www.ccpress.com.cn
销售电话：（010）59757973
总 经 销：人民交通出版社股份有限公司发行部
经　　销：各地新华书店
印　　刷：北京市密东印刷有限公司
开　　本：787×1092　1/16
印　　张：11
字　　数：261 千
版　　次：2007 年 2 月　第 1 版
印　　次：2021 年 2 月　第 9 次印刷
书　　号：ISBN 978-7-114-06390-9
定　　价：20.00 元
（有印刷、装订质量问题的图书由本社负责调换）

前言

QIAN YAN

为深入贯彻落实《高等教育面向21世纪教学内容和课程体系改革计划》,按照教育部“以教育思想、观念改革为先导,以教学改革为核心,以教学基本建设为重点,注重提高质量,努力办出特色”的基本思路,交通职业教育教学指导委员会路桥工程专业指导委员会在总结道路桥梁工程技术专业教学文件编制及其教材编写工作经验的基础上,又组织开发了相关专业的教学指导方案及部分专业教材,其中包括三年制高职高专院校公路工程造价专业教学指导方案及7门课程的规划教材。

公路工程造价专业教材依据教育部对高职高专人才培养目标、培养规格、培养模式及与之相适应的知识、技能、能力和素质结构的要求进行编写,并融入了全国交通类高职高专院校公路工程造价专业的教学改革成果,紧密跟踪我国工程造价管理方面的政策和技术发展,采用了最新的技术标准、规范,具有较强的针对性。教材编写中较好地贯彻了素质教育的思想,力求体现以人为本、注重知识实用性的现代职业教育理念,从交通行业岗位群对人才的知识结构和技能要求出发,结合对培养学生创新能力、职业道德方面的要求,提出教学目标和教学内容,在教材的理论体系、组织结构、内容描述上与传统教材有了明显的区别。

《公路建设法律法规》是高职高专院校公路工程造价专业规划教材之一,内容包括:绪论、公路建设法律关系主体、公路建设程序、公路规划及环境保护、公路建设招标与投标、公路勘察设计、公路建设监理、公路建设安全生产管理、公路工程费用管理、公路工程质量管理、公路建设合同管理、公路建设的法律责任、公路建设纠纷的解决。

参加本书编写工作的有:河北交通职业技术学院田平(编写第一、二、三、四、五章)、翟晓静(编写第六、七、八、十一、十二、十三章),河北晋州市建设局张月然(编写第九、十章),全书由田平担任主编,翟晓静担任副主编,广西交通职业技术学院梁金江担任主审。

本套教材是路桥工程专业指导委员会委员及长期从事公路工程造价专业教学与工程实践的教师们工作经验的总结。但是,随着各项改革的逐步深入,书中难免有不妥之处,敬请广大读者批评指正。

本套教材在编写过程中得到了交通职业教育教学指导委员会的关心与指导,全国各交通职业技术学院的领导也给予了大力支持,在此,向他们表示诚挚的谢意。

交通职业教育教学指导委员会

路桥工程专业指导委员会

2006年11月

目录
MULU

第一章　绪论 …… 1
第一节　概念 …… 1
第二节　我国公路建设法规体系及立法概况 …… 2
复习思考题 …… 5
第二章　公路建设法律关系主体 …… 6
第一节　交通建设主管部门的分工 …… 6
第二节　公路建设项目法人 …… 7
第三节　公路建设从业单位资质 …… 8
第四节　公路建设专业技术人员执业资格管理 …… 14
第五节　公路工程施工现场人员执业资格管理 …… 16
复习思考题 …… 19
第三章　公路建设程序 …… 20
第一节　概述 …… 20
第二节　公路建设程序 …… 21
第三节　公路建设项目后评价报告的编制 …… 25
复习思考题 …… 26
第四章　公路规划及环境保护 …… 27
第一节　公路规划 …… 27
第二节　公路建设与环境保护管理 …… 30
复习思考题 …… 32
第五章　公路建设招标与投标 …… 33
第一节　招标 …… 33
第二节　投标 …… 37
第三节　开标、评标与中标 …… 39
复习思考题 …… 42
第六章　公路勘察设计 …… 43
第一节　公路勘察设计的概念与标准 …… 43
第二节　勘察、设计合同 …… 46
第三节　公路工程设计文件的编制要求 …… 48
第四节　中外合作设计 …… 50
复习思考题 …… 52

第七章　公路建设监理 …………………………………………………………… 53
第一节　概述 ………………………………………………………………… 53
第二节　公路建设监理工作的程序及工作内容 ……………………………… 55
第三节　公路建设监理各方的关系 ………………………………………… 57
第四节　业主的权利、义务与责任 …………………………………………… 59
第五节　监理咨询单位的权利、义务与责任 ………………………………… 62
第六节　承包人的权利、义务与责任 ………………………………………… 66
复习思考题 ………………………………………………………………… 69
第八章　公路建设安全生产管理 ………………………………………………… 70
第一节　概述 ………………………………………………………………… 70
第二节　公路建设安全生产的相关制度 …………………………………… 71
第三节　公路工程安全保障制度及重大事故调查处理制度 ……………… 73
复习思考题 ………………………………………………………………… 75
第九章　公路工程费用管理 ……………………………………………………… 76
第一节　概述 ………………………………………………………………… 76
第二节　工程量清单与投标报价 …………………………………………… 81
第三节　工程计量 …………………………………………………………… 92
第四节　工程费用支付 ……………………………………………………… 101
复习思考题 ………………………………………………………………… 110
第十章　公路工程质量管理 ……………………………………………………… 111
第一节　概述 ………………………………………………………………… 111
第二节　质量体系认证制度 ………………………………………………… 112
第三节　政府对公路工程质量的监督管理 ………………………………… 114
第四节　公路建设行为主体的质量责任与义务 …………………………… 121
第五节　公路工程质量缺陷与质量事故的处理 …………………………… 124
复习思考题 ………………………………………………………………… 126
第十一章　公路建设合同管理 …………………………………………………… 127
第一节　概述 ………………………………………………………………… 127
第二节　公路建设合同的签订 ……………………………………………… 129
第三节　公路建设合同的履行 ……………………………………………… 132
第四节　公路建设合同的索赔 ……………………………………………… 136
复习思考题 ………………………………………………………………… 139
第十二章　公路建设的法律责任 ………………………………………………… 140
第一节　民事责任 …………………………………………………………… 140
第二节　行政责任 …………………………………………………………… 142
第三节　刑事责任 …………………………………………………………… 146
复习思考题 ………………………………………………………………… 148
第十三章　公路建设纠纷的解决 ………………………………………………… 149

第一节　概述 …… 149
第二节　民事仲裁 …… 150
第三节　民事诉讼 …… 154
第四节　行政复议 …… 156
第五节　行政诉讼 …… 159
复习思考题 …… 162
参考文献 …… 163

第一章 绪论

教学要求

1. 解释广义的公路建设法规和狭义的公路建设法规的概念，说明其区别；
2. 解释公路建设法规调整对象的概念，描述其所包含的内容；
3. 解释法律地位的概念；
4. 描述公路建设法规的各种表现形式；
5. 叙述公路建设法规的立法概况。

●第一节 概 念●

一、定义和调整对象

公路建设法规的定义有广义和狭义之分。广义的公路建设法规是泛指国家立法机关制定的调整各种公路建设法律关系的法律规范的总称。狭义的公路建设法规是特指全国人大及其常委会、国务院及部门制定的和省、自治区、直辖市的人大及其常委会，省、自治区、直辖市政府所在市地的人大及其常委会，经国务院批准的较大的市的人大及其常委会制定的调整公路建设法律关系的行政法规和地方法规。本书的公路建设法规是指广义的概念。

公路建设法规的调整对象，是指在公路建设活动中所发生的各种社会关系。它包括公路建设活动所发生的行政管理关系和民事关系。

1. 行政管理关系

公路建设活动与国家经济发展、人民的生命财产安全、社会的文明进步息息相关，国家必须对之进行全面、严格地管理。当国家及其行政主管部门在对公路建设活动进行管理时，就会与建设单位（业主）、设计单位、施工单位、建筑材料和设备的生产供应单位及建设监理等中介服务单位产生管理与被管理关系。在法制社会里，这种关系当然要由相应的公路建设法规来规范、调整。

2. 民事关系

在公路建设活动中，会涉及从业人员及相关人员的人身与财产的伤害、财产及相关权利的转让等公民个人权利的问题。由之而产生的单位和公民之间的民事权利与义务关系，应由公路建设法规中有关法律规定及民法等相关法律来予以规范、调整。

以上两种社会关系都是在从事公路建设活动时所形成的，它们与其他活动中所形成的社会关系既有相同的地方,又有其自身的特点。因此,不能完全用一般的法律规范来调整,而必须由公路建设法规来加以规范、调整。

二、法律地位

这里所指的法律地位,是指公路建设法规在整个法律体系中所处的位置,公路建设法规应属于哪一个部门法及其所处的层次。

在公路建设法规调整的两种社会关系中,对于公路建设活动中的行政管理关系,主要用行政手段加以调整;对于公路建设活动中的民事关系,则主要采用民事手段来加以调整。这表明,公路建设法规调整的社会关系是多方面的,而其运用的调整手段也是综合的,很难将其明确划归某一法律部门。但就其主要法律规范的性质来看,它主要还是应属于行政法和民商法的范畴。

需要指出的是,公路建设活动中还会涉及许许多多的事物与相关的社会关系,如:工程建设与环境保护、文物保护、自然风景保护的关系;工程建设与土地、水源、矿产、森林等自然资源的关系;工程建设与招投标活动、标准化设计的关系等。在我国,已颁行了大量有关环境和自然资源保护、自然灾害的防御等方面的法律、法规。它们所调整的范围很广,虽然不属于公路法规,但又都与公路建设有关,人们在从事公路建设活动时都必须严格遵守其相关规定,所以,我们称之为与公路建设相关的法律。这些相关的法律所属的法律部门也是多种多样的。

• 第二节　我国公路建设法规体系及立法概况 •

一、公路建设法规的表现形式

1. 法律(狭义的法律)

法律是指全国人大及其常委会制定并通过的法律。法律作为公路建设法规的表现形式有两种,一种是本身为公路建设法的法律,如全国人大常委会通过的《中华人民共和国公路法》(以下简称《公路法》);另一种是部分内容涉及公路建设方面的法律,例如《中华人民共和国建筑法》(以下简称《建筑法》)中有关建设资质等规定。

2. 行政法规

行政法规是国务院制定或批准的法律规范。国务院已制定或批准了大量的公路建设行政法规,例如《中华人民共和国公路管理条例》等。交通行政法规在交通管理中起着重要作用。

3. 部门规章

部门规章是指国务院各部、委制定的法律规范。国务院各部、委是国家的行业主管部门,根据立法的规定,各部、委有权根据法律和国务院的行政法规、决定、命令在部门的权限内发布规章。交通部是公路、水路交通的主管部门,其制定的规章如《公路管理条例实施细则》等均属部门规章。部门规章是公路建设法规中常见的表现形式。

4. 地方性法规

地方性法规是指省、自治区、直辖市的人民代表大会及其常委会，省、自治区人民政府所在地的市和经国务院批准的较大的市的人民代表大会及其常委会制定和颁布的在本地区产生效力的法律规范。全国各地有数量不等的地方性交通法规。

5. 自治条例和单行条例

自治条例和单行条例是民族区域自治地方人民代表大会及其常委会依照当地民族的政治、经济和文化特点制定并颁布的法律规范。根据民族区域自治法的规定，自治区的自治条例和单行条例须报全国人民代表大会常委会批准后生效，自治州、自治县的自治条例和单行条例须报省或自治区人民代表大会常委会批准后生效。

6. 地方规章

地方规章是指省、自治区、直辖市以及省、自治区人民政府所在地的市和经国务院批准的较大的市的人民政府，根据法律和国务院的行政法规，制定在本地区发生效力的法律规范。目前，具有立法权的地方各级人民政府制定了相当数量的地方公路建设规章，它们在发展地方交通事业和解决地域性突出的问题上，发挥着重要作用。

7. 国际条约和国际惯例

国际条约是国家之间缔结或参加的、对缔约国或参加国具有拘束力的明示协议。国际惯例是国际上重复类似的行为并被认为具有法律约束力的默示协议，例如菲迪克条款等。因此国际条约和国际惯例是公路建设法规的重要表现形式。

此外，有关公路建设法规的立法解释也是公路建设法规的表现形式之一。

二、公路建设法规立法概况

1. 与公路建设相关的国家有关法律法规（部分）

（1）中华人民共和国公路法（2004 年 8 月 28 日　中华人民共和国主席令第 19 号公布）。

（2）中华人民共和国建筑法（1997 年 11 月 1 日　中华人民共和国主席令第 91 号公布）。

（3）中华人民共和国合同法（1999 年 3 月 15 日　中华人民共和国主席令第 15 号公布）。

（4）中华人民共和国招标投标法（1999 年 8 月 30 日　中华人民共和国主席令第 21 号公布）。

（5）中华人民共和国环境保护法（1989 年 12 月 26 日　中华人民共和国主席令第 22 号公布）。

（6）中华人民共和国行政处罚法（1996 年 3 月 17 日　中华人民共和国主席令第 63 号公布）。

（7）中华人民共和国刑法（1997 年 3 月 14 日　中华人民共和国主席令第 83 号公布）。

（8）中华人民共和国民事诉讼法（1991 年 4 月 9 日　中华人民共和国主席令第 44 号公布）。

（9）中华人民共和国劳动法（1994 年 7 月 5 日　中华人民共和国主席令第 28 号公布）。

（10）中华人民共和国土地管理法（2004 年 8 月 28 日　中华人民共和国主席令第 28 号公布）。

（11）建设工程质量管理条例（2000 年 1 月 30 日　国务院令[2000]第 279 号）。

(12)建设工程安全生产管理条例(2003 年 11 月 24 日　国务院令[2003]第 393 号)。

(13)建设工程勘察设计管理条例(2000 年 9 月 25 日　国务院令[2000]第 293 号)。

(14)建设项目环境保护管理条例(1998 年 11 月 29 日　国务院令[1998]第 253 号)。

2. 与公路建设相关的部门规章(部分)

(1)公路建设项目可行性研究报告编制办法(1988 年 8 月 9 日　交通部　交计字[88]第 500 号文发布)。

(2)公路工程施工招标资格预审办法(2006 年 2 月 26 日　交通部　交公路发[2006]第 57 号文发布)。

(3)公路工程施工监理招标投标管理办法(2006 年 5 月 25 日　交通部令[2006]第 5 号公布)。

(4)公路建设监督管理办法(2006 年 6 月 8 日　交通部令[2006]第 6 号公布)。

(5)公路建设项目评标专家库管理办法(2001 年 6 月 11 日　交通部　交公路发[2001]第 300 号公布)。

(6)评标委员会和评标方法暂行规定(2001 年 7 月 5 日　国家计划委员会等七部委令[2001]第 12 号公布)。

(7)公路工程勘察设计招标投标管理办法(2001 年 8 月 21 日　交通部令[2001]第 6 号公布)。

(8)公路工程勘察设计招标评标办法(2001 年 9 月 29 日　交通部　交公路发[2001]第 582 号公布)。

(9)公路工程施工招标投标管理办法(2006 年 6 月 23 日　交通部令[2006]第 7 号公布)。

(10)实施工程建设强制性标准监督规定(2000 年 8 月 25 日　建设部令[2000]第 81 号公布)。

(11)工程建设项目施工招标投标办法(2003 年 3 月 8 日　国家计划委员会等七部委第 30 号令发布)。

(12)招标公告发布暂行办法(2000 年 7 月 1 日　国家计划委员会第 4 号令公布)。

(13)工程建设项目招标代理机构资格认定办法(2000 年 6 月 30 日　建设部令第 79 号发布)。

(14)工程建设项目招标范围和规模标准规定(2000 年 5 月 1 日　国家计划委员会第 3 号令公布)。

(15)评标专家和评标专家库管理暂行办法(2003 年 2 月 22 日　国家计划委员会令第 29 号公布)。

(16)建筑企业资质管理规定(2001 年 4 月 18 日　建设部令[2001]第 87 号发布)。

(17)公路网规划编制办法(1990 年 4 月 21 日　交通部[90]交计字 225 号文发布)。

(18)公路工程质量监督规定(2005 年 5 月 8 日　交通部令 2005 年第 4 号)。

(19)交通基本建设项目竣工决算报告编制办法(2000 年 4 月 21 日　交财发[2000]第207 号)。

(20)公路工程基本建设项目设计文件编制办法(1995 年 11 月 6 日　交通部　交公路发[1995]第 1036 号文发布)。

(21)公路工程竣(交)工验收办法(2004 年 3 月 31 日 交通部令[2004]第 3 号)。

(22)公路工程造价人员资格认证管理办法(1995 年 12 月 20 日 交通部 交公路发[1995]第 1235 号文发布)。

(23)公路、水运工程监理工程师资质管理办法(1996 年 1 月 4 日 交通部 交基发[1996]第 29 号文发布)。

(24)公路建设市场管理办法(2004 年 11 月 22 日 交通部令[2004]第 14 号)。

(25)公路建设项目后评价工作管理办法(1996 年 12 月 31 日 交通部 交计发[1996]第 1130 号文发布)。

(26)公路建设项目后评价报告编制办法(1996 年 12 月 31 日 交通部 交计发[1996]第 1130 号文发布)。

(27)公路工程施工招标评标委员会工作细则(2003 年 3 月 11 日 交公路发[2003]第70 号)。

(28)公路工程质量管理办法(1999 年 2 月 24 日 交通部 交公路发[1999]第 90 号文发布)。

(29)交通建设项目审计实施办法(2000 年 2 月 12 日 交通部 交审计发[2000]第 64 号文发布)。

(30)公路基本建设工程交通工程概(预)算编制的规定(2000 年 12 月 22 日 交通部 公设技字[2000]第 285 号)。

(31)交通基本建设资金监督管理办法(2000 年 4 月 13 日 交通部 交财发[2000]第 195 号)。

(32)关于简化公路建设项目审批程序的通知(2001 年 3 月 23 日 交通部 交公路发[2001]第 130 号)。

(33)公路建设水土保持工作规定(2001 年 1 月 16 日 水利部、交通部 水保[2001]第 12 号)。

(34)公路建设项目法人资格标准(试行)(2001 年 9 月 30 日 交通部 交公路发[2001]第 583 号)。

(35)关于公路建设项目法人资格审查实施意见的通知(2001 年 12 月 4 日 交通部 厅公路字[2001]第 615 号)。

(36)公路水运工程监理企业资质管理规定(2004 年 6 月 22 日 交通部令[2004]第5 号)。

(37)工程建设项目招标投标活动投诉处理办法(2004 年 7 月 6 日 国家发改委等七部委第 11 号)。

复习思考题

1. 什么是公路建设法规？公路建设法规的调整对象是什么？
2. 我国公路建设法规的表现形式有哪些？
3. 现阶段，我国公路建设法规立法有哪些？

第二章 公路建设法律关系主体

教学要求

1. 说明《公路法》和《建筑法》的关系；
2. 描述交通主管部门监督职责以及监督职责的分工；
3. 描述公路建设项目法人负责制的依据内容以及项目法人的分类和职责；
4. 说明公路建设从业单位的划分及各从业单位的资质等级及其标准；
5. 描述公路建设各从业单位资质管理办法；
6. 描述外国建设企业在我国从事建设活动的资质管理；
7. 描述公路建设专业技术注册结构工程师制度；
8. 描述公路注册监理工程师制度；
9. 解释施工现场注册建造师的概念；
10. 描述注册建造师的执业范围以及建造师和项目经理的关系；
11. 说明关键岗位从业资格管理机构和上岗制度。

第一节 交通建设主管部门的分工

一、《公路法》与《建筑法》的关系

1.《公路法》的规定

《公路法》第 20 条规定："县级以上人民政府交通主管部门应当依据职责维护公路建设秩序，加强对公路建设的监督管理。"这一规定明确了县级以上人民政府交通主管部门对公路建设行业管理的法律地位，县级以上人民政府交通主管部门应当认真履行法定职责。

2.《建筑法》的规定

《建筑法》于 1998 年 3 月 1 日施行，虽然《建筑法》第 6 条规定"国务院建设行政主管部门对全国的建筑活动实施统一监督管理"，但《建筑法》第 2 条第 2 款规定"本法所称建筑活动，是指各类房屋建筑及其附属设施的建造和与其配套的线路、管道、设备的安装活动"，因此《建筑法》中的"建筑"不包括"公路"。

国务院办公厅〔2000〕34 号印发的中央机构编制委员会办公室《关于国务院有关部门实施招标投标活动行政监督的职责分工的意见》再一次明确建设行政主管部门负责对"各类房屋建筑及其附属设施的建造和与其配套的线路、管道、设备的安装项目和市政工程项目的招投标活动"的监督执法，交通部门负责对"交通行业和产业项目的招投标活动"的监督执法。

根据《建筑法》附则第 81 条规定，“本法关于施工许可、建筑施工企业资质审查的规定，适用于其他专业建筑工程的建筑活动”，公路建设的施工许可、施工企业资质应由建设行政主管部门负责。

二、交通主管部门监督职责

1. 交通主管部门的监督职责

根据交通部 2006 年《公路建设监督管理办法》的规定，公路建设监督管理部门的监督制度包括：

(1) 监督国家有关公路建设工作方针、政策和法律、法规、规章、强制性技术标准的执行；

(2) 监督公路建设项目建设程序的履行；

(3) 监督公路建设市场秩序；

(4) 监督公路工程质量和工程安全；

(5) 监督公路建设资金的使用；

(6) 指导、检查下级人民政府交通主管部门的监督管理工作；

(7) 依法查处公路建设违法行为。

县级以上人民政府交通主管部门在履行公路建设监督管理职责时，有权要求：

(1) 被检查单位提供有关公路建设的文件和资料；

(2) 有权进入被检查单位的工作现场进行检查；

(3) 对发现的工程质量和安全问题以及其他违规行为依法处理。

2. 交通主管部门监督职责的分工

公路建设监督管理实行统一领导、分级管理的原则。

(1) 交通部对全国公路建设项目进行监督管理，依据职责负责国家高速公路网建设项目和交通部确定的其他重点公路建设项目前期工作、施工许可、工程质量、工程进度、资金、安全管理的监督和竣工验收工作。

(2) 省级人民政府交通主管部门依据职责负责本行政区域内公路建设项目的监督管理，具体负责本行政区内的国家高速公路网建设项目、交通部和省级人民政府确定的其他重点公路建设项目的监督管理。

(3) 设区的市和县级人民政府交通主管部门按照有关规定负责本行政区域内公路建设项目的监督管理。

第二节　公路建设项目法人

一、公路建设项目法人负责制的依据及内容

《公路法》第 23 条规定：“公路建设项目应当按照国家有关规定实行法人负责制度、招标投标制度和工程监理制度。”其中关于“实行法人负责制度”的规定，确定了法人负责制度。所谓法人负责制度是指公路建设项目必须由依法组建的法人享有项目建设管理权利，承担相应义务和责任的制度。

1. 法人负责制是强制实施的制度

根据交通部2004年第14号令《公路建设市场管理办法》第11条规定:“公路建设项目依法实行项目法人负责制。项目法人可自行管理公路建设项目,也可委托具备法人资格的项目建设管理单位进行项目管理。项目法人或者委托的项目建设管理单位的组织机构、主要负责人的技术和管理能力应当满足拟建项目的管理需要,符合国务院交通主管部门有关规定的要求。”根据《公路建设市场管理办法》第12条第3款的规定:“对不符合规定要求的项目法人或者项目建设管理单位,交通主管部门应当提出整改要求。”因此法人负责制是强制实施的制度。

2. 项目法人实行市场准入制度

根据《公路建设市场管理办法》第10条规定:“凡符合法律、法规规定的市场准入条件的从业单位和从业人员均可进入公路建设市场,任何单位和个人不得对公路建设市场实行地方保护,不得对符合市场准入条件的从业单位和从业人员实行歧视待遇。”根据《公路建设市场管理办法》第12条规定:“收费公路建设项目法人和项目建设管理单位进入公路建设市场实行备案制度。收费公路建设项目可行性研究报告批准或依法核准后,项目投资主体应当成立或者明确项目法人。项目法人应当按照项目管理的隶属关系将其或者其委托的项目建设管理单位的有关情况报交通主管部门备案。”

二、项目法人的分类及其职责

1. 项目法人的资格标准

经营性公路建设项目应依法成立有限责任公司或股份有限公司,办理公司登记;公益性公路建设项目应明确或组建项目法人,办理事业法人登记。公路建设项目法人分甲级和乙级项目法人。甲级项目法人能承担各级公路(含各类桥梁和隧道)工程的项目管理;乙级项目法人能承担二级及以下公路(含各类大桥和长隧道)工程的项目管理。《公路建设项目法人资格标准(试行)》规定了甲级和乙级项目法人的资格标准。

2. 项目法人的职责

经营性公路建设项目法人对建设项目筹划、资金筹措、建设实施、运营管理、债务偿还和资产管理全过程负责;公益性公路建设项目法人对建设项目筹划、资金筹措、建设实施全过程负责。项目法人未履行法人职责的,根据《公路建设市场管理办法》第47条规定,由交通主管部门责令改正。

• 第三节　公路建设从业单位资质 •

一、公路建设从业单位的划分

根据现行法规,我国从事公路建设活动的单位是指从事公路勘察设计、咨询、施工、监理、试验检测业务的单位及提供相关服务的社会中介机构。包括:公路勘察设计单位、工程咨询单位、施工单位、监理咨询单位和试验检测单位。

二、公路建设从业单位的资质等级及其标准

1. 公路建设从业单位的资质等级

根据现行法规,我国各类公路建设从业单位的资质等级的划分情况如下:

(1)公路勘察设计单位,分为甲、乙、丙、丁级。

(2)工程咨询单位,分为甲、乙、丙级。

(3)施工单位,分为特、一、二、三、四级。

(4)监理咨询单位,分为甲、乙、丙级。

(5)试验检测单位,分为甲、乙、丙级。

2. 公路建设从业单位资质等级划分标准

公路建设从业单位的资质等级划分标准,是从其拥有的注册资本、专业技术人员数量和等级、技术装备和已完成的公路工程的业绩等方面来加以规定的。每一类从业单位的资质等级标准都由相应的法规作出了具体规定。

公路工程施工总承包企业资质分为特级、一级、二级、三级。

1)特级资质标准

(1)企业注册资本金3亿元以上。

(2)企业净资产3.6亿元以上。

(3)企业近3年年平均公路工程结算收入15亿元以上。

(4)企业其他条件均达到一级资质标准。

2)一级资质标准

(1)企业近10年承担过下列4项中的3项以上所列工程的施工,工程质量合格。

①累计修建一级以上公路路基100 km以上;

②累计修建高级路面400万平方米以上;

③累计修建单座桥长≥500 m或单跨跨度≥100 m的公路特大桥6座以上;

④完成过单项合同额1亿元以上的公路工程3个以上。

(2)企业经理具有10年以上从事工程管理工作经历或具有高级职称;总工程师具有15年以上从事公路工程施工技术管理工作经历并具有本专业高级职称;总会计师具有高级会计职称;总经济师具有高级职称。

企业有职称的工程技术人员和经济管理人员不少于300人,其中工程技术人员不少于200人。工程技术人员中,具有高级职称的人员不少于20人,其中具有公路工程系列高级职称的人员不少于15人;具有中级职称的人员不少于80人,其中具有公路工程系列中级职称的人员不少于50人。

企业具有本专业一级资质的项目经理不少于15人。

(3)企业注册资本金6000万元以上,企业净资产8000万元以上。

(4)企业近3年最高年公路工程结算收入4亿元以上。

(5)企业具有与承包工程范围相适应的施工机械和质量检测设备,并至少具有:

①160 t/h以上沥青混凝土拌和设备3台,120 m^3/h水泥混凝土拌和设备及60 t/h以上水泥混凝土拌和设备各1台或60 t/h以上水泥混凝土拌和设备3台,300 t/h以上稳定土拌和设

备4台；

②摊铺宽度12 m的沥青混凝土摊铺设备2台，摊铺宽度8 m以上的沥青混凝土摊铺设备4台；

③120 kW以上平地机5台；

④1 m^3 以上挖掘机5台；

⑤100 kW以上推土机5台；

⑥各型压路机20台（其中沥青混凝土压实设备10台，大型土方振动压实设备10台）；

⑦扭矩200 kN·m以上的钻机2台；

⑧80 t以上自行式架桥机2套；

⑨50 t以上吊车3台；

⑩水泥混凝土泵车4台，隧道凿岩台车2台，水泥混凝土喷射泵4台，压浆设备2台。

3）二级资质标准

（1）企业近10年承担过下列4项中的3项以上所列工程的施工，工程质量合格。

①累计修建二级以上公路路基150 km以上；

②累计修建高级、次高级路面200万平方米以上；

③累计修建单座桥长≥100 m，或单跨跨度≥40 m的公路大桥4座以上；

④完成过单项合同额5000万元以上的公路工程3项以上。

（2）企业经理具有8年以上从事工程管理工作经历或具有中级以上职称；技术负责人具有10年以上从事公路工程施工技术管理工作经历并具有本专业高级职称；财务负责人具有中级以上会计职称。

企业有职称的工程技术人员和经济管理人员不少于180人，其中工程技术人员不少于120人；工程技术人员中，具有公路工程系列高级职称的人员不少于10人，具有公路工程系列中级职称的人员不少于30人。

企业具有的本专业二级资质以上项目经理不少于10人。

（3）企业注册资本金3000万元以上，企业净资产4000万元以上。

（4）企业近3年最高年公路工程结算收入2亿元以上。

（5）企业具有与承包工程范围相适应的施工机械和质量检测设备，并至少具有：

①120 t/h以上沥青混凝土拌和设备1台，60 m^3/h以上水泥混凝土拌和设备1台，300 t/h以上稳定土拌和设备2台；

②摊铺宽度8 m以上沥青混凝土摊铺设备2台；

③120 kW以上平地机3台；

④1 m^3 以上挖掘机3台；

⑤100 kW以上推土机3台；

⑥各型压路机10台（其中沥青混凝土压实设备4台，大型土方振动压实设备2台）；

⑦扭矩200 kN·m以上钻机1台；

⑧80 t以上自行式架桥机1套；

⑨50 t以上吊车1台；

⑩水泥混凝土泵车2台，隧道凿岩台车1台，水泥混凝土喷射泵2台，压浆设备1台。

4）三级资质标准

（1）企业近10年承担过下列4项中的3项以上所列工程的施工，工程质量合格。

①累计修建二级以上公路路基80 km以上；

②累计修建高级、次高级路面100万平方米以上；

③累计修建单座桥长≥30 m，或单跨跨度≥20 m的公路中桥4座以上；

④完成过单项合同额500万元以上的公路工程。

（2）企业经理具有6年以上从事工程管理工作经历或具有中级以上职称；技术负责人具有6年以上从事公路工程施工技术管理工作经历并具有本专业中级以上职称；财务负责人具有中级以上会计职称。

企业有职称的工程技术和经济管理人员不少于60人，其中工程技术人员不少于40人；工程技术人员中，具有中级以上职称的人员不少于20人，其中具有公路工程系列中级以上职称的人员不少于15人。

企业具有的本专业三级资质以上项目经理不少于10人。

（3）企业注册资本金1000万元以上，企业净资产1500万元以上。

（4）企业近3年最高年公路工程结算收入5000万元以上。

（5）企业具有与承包工程范围相适应的施工机械和质量检测设备，并至少具有：

①60 t/h以上沥青混凝土拌和设备1台，40 m^3/h以上水泥混凝土拌和设备1台；

②摊铺宽度4.5 m以上沥青混凝土摊铺设备2台；

③120 kW以上平地机2台；

④0.8 m^3 以上挖掘机2台；

⑤100 kW以上推土机2台；

⑥各型压路机5台（其中沥青混凝土压实设备2台，大型土方振动压实设备1台）；

⑦30 t以上吊车1台。

各级企业承包工程范围：

特级企业：可承担各等级公路及其桥梁、隧道工程的施工。

一级企业：可承担单项合同额不超过企业注册资本金5倍的各等级公路及其桥梁、长度3000 m及以下的隧道工程的施工。

二级企业：可承担单项合同额不超过企业注册资本金5倍的一级标准及以下公路、单跨跨度<100 m的桥梁、长度<1000 m的隧道工程的施工。

三级企业：可承担单项合同额不超过企业注册资本金5倍的二级标准及以下公路、单座桥长<500 m、单跨跨度<40 m的桥梁工程的施工。

以上提及的公路工程包括公路（含厂矿和林业专用公路）及其桥梁、隧道和沿线设施工程。

三、公路建设从业单位资质管理办法

1. 公路建设从业单位资质管理办法

公路建设从业单位需提交规定的证明文件，向资质主管部门提出申请，经审查合格后，可获得相应资质，并核发资质等级证书。各类公路工程建设从业单位资质审批办法是不同的。

1)公路勘察设计单位

甲、乙级工程勘察设计单位的资质,先按隶属关系报国务院主管部门或省、自治区、直辖市人民政府主管勘察设计工作的部门进行初审,然后由初审部门报送所申请行业归口管理的国务院主管部门,经行业管理部门组织专家审查并签署意见后,报送全国工程勘察设计资格审定委员会审批(办事机构设在建设部)。

丙、丁级工程勘察设计单位的资质,由该单位所在地的市一级政府建设行政主管部门审查后,报送省、自治区、直辖市工程勘察设计资格审定委员会审批(办事机构设在省、自治区、直辖市人民政府授权的综合管理勘察设计工作的行政主管部门),并报建设部和国务院有关行业主管部门备案。

新设立的勘察设计单位,先暂定某一资质等级,两年后,由原发证部门进行复查,再核定正式等级。

2)工程咨询单位

根据国家发改委2005年3月4日第29号令《工程咨询单位资格认定办法》的规定,凡申请工程咨询的单位,应填写《中国工程咨询业务管理系统》软件内容,并将文本文件同时报送初审机构。申请材料可以通过信函、电子邮件等方式报送。

(1)报送电子文件材料包括:

①填写内容。单位基本情况、单位行政和技术经济主要负责人简介、在编技术人员及配备计算机情况;近3年经营状况以及独立承担过的工程咨询业绩;

②扫描内容。企业法人营业执照或事业单位法人证书;技术负责人的工程咨询执业资格注册证书;在编专业技术人员的证明文件(高级专业技术、经济职称证书、工程咨询执业资格注册证书、社会养老保险和人事证明材料);单位相关证明(工程设计等有关证书);上一年度资产负债表和损益表;自有或租赁办公用房证明及其他有关证明文件等。

(2)报送文本文件。除上述电子文本内容外,还需提供单位章程、质量管理制度文件和已完成的可行性研究报告文本2份。

以上文本文件和电子文件各1份。

(3)初审机构收到申请材料后,先进行材料合规性审查,聘请有关专家进行评审或进行实地考察,提出初审意见。

(4)国家发展改革委组织专家评审委员会,对初审意见进行集体评审,提出复审意见,并向社会公示。公示无异议的,由国家发展改革委批准,并颁发工程咨询单位资格证书。

3)施工单位

一级施工单位由建设部审批。二、三、四级施工单位,属于国务院有关主管部门的,由国务院有关主管部门审批;属于地方的,由省、自治区、直辖市建设行政主管部门审批。

4)监理咨询单位

甲级监理咨询单位的资质由国务院建设行政主管部门审批。乙、丙级监理咨询单位的资质由省、自治区、直辖市人民政府建设行政主管部门审批,新设立的单位,先核定其临时等级,两年后再核定其正式等级。

5)试验检测单位

甲级公路工程试验检测单位的资质报交通部审批;乙、丙级公路工程试验检测单位的资质报省、自治区、直辖市交通厅(局)审批,报交通部备案。

上述各类工程建设从业单位在取得相应资质后,资质管理部门要定期或不定期地对其进行检查,并按有关规定对其资质进行升、降级的动态管理。

2. 各级公路建设从业单位的业务范围

根据各级公路建设从业单位所具备的能力和水平,有关法规对各类从业单位所允许从事的业务范围都作出了具体规定,并严格禁止越级承包业务和无资质等级资格的单位从事建设活动。

四、外国建设企业在我国从事建设活动的资质管理

1. 中外合作设计

需与外方合作设计的建设项目,由设计项目的主管部门对外国设计机构的设计资格进行审查,审查合格者,方可承担该项目的设计任务。审查的主要内容有:外国设计机构所在国或地区出具的设计资格注册证书;其技术水平、技术力量和技术装备状况;承担工程设计的资历和经营管理状况;社会信誉。

2. 中外合营工程设计机构

中外合营工程设计机构可以是中外合资经营企业,也可以是中外合作经营企业,它们都是中国的法人。中外合营工程设计机构的中方合营者,应是持有中华人民共和国甲、乙级工程设计证书的设计单位;外方合营者应是在其所在国或地区有较好的社会信誉、在国际设计市场上有较强竞争能力的注册设计机构或注册建筑师、注册工程师。

3. 外国工程承包企业

申请设立施工总承包序列特级和一级、专业承包序列一级资质外商投资建筑业企业的,其设立由国务院对外贸易经济行政主管部门审批,其资质由国务院建设行政主管部门审批;申请设立施工总承包序列和专业承包序列二级及二级以下、劳务分包序列资质的,其设立由省、自治区、直辖市人民政府对外贸易经济行政主管部门审批,其资质由省、自治区、直辖市人民政府建设行政主管部门审批。

中外合资经营建筑业企业、中外合作经营建筑业企业的中方投资者为中央管理企业的,其设立由国务院对外贸易经济行政主管部门审批,其资质由国务院建设行政主管部门审批。

省、自治区、直辖市人民政府建设行政主管部门审批的外商投资建筑业企业资质,应当在批准之日起 30 日内报国务院建设行政主管部门备案。

外商投资建筑业企业申请晋升资质等级或者增加主项以外资质的,应当依照有关规定到建设行政主管部门办理相关手续。

中外合资经营建筑业企业、中外合作经营建筑业企业中方合营者的出资总额不得低于注册资本的25% 。

外资建筑业企业只允许在其资质等级许可的范围内承包下列工程:

(1)全部由外国投资、外国赠款、外国投资及赠款建设的工程。

(2)由国际金融机构资助并通过根据贷款条款进行的国际招标授予的建设项目。

(3)外资等于或者超过 50% 的中外联合建设项目;及外资少于 50%,但因技术困难而不能由中国建筑企业独立实施,经省、自治区、直辖市人民政府建设行政主管部门批准的中外联合建设项目。

(4)由中国投资,但因技术困难而不能由中国建筑企业独立实施的建设项目,经省、自治区、直辖市人民政府建设行政主管部门批准,可以由中外建筑企业联合承揽。

中外合资经营建筑业企业、中外合作经营建筑业企业应当在其资质等级许可的范围内承包工程。

外商投资建筑业企业的资质等级标准执行国务院建设行政主管部门颁发的建筑业企业资质等级标准。

香港特别行政区、澳门特别行政区和台湾地区投资者在其他省、自治区、直辖市投资设立建筑业企业,从事建筑活动的,参照《外商投资建筑业企业管理规定》执行。

4. 中外合营和中外合作监理咨询单位

中外合营、中外合作监理咨询单位的资质单位的资质分为甲、乙、丙三级,设立时,都先按中方合营者或中方合作者的隶属关系由省、自治区、直辖市人民政府建设行政主管部门或国务院工业、交通等部门进行资质初审,然后报国务院建设行政主管部门审批,再报国务院对外贸易经济主管部门审定。其他管理办法与国内监理咨询单位相同。

•第四节　公路建设专业技术人员执业资格管理•

在技术要求较高的行业实行专业技术人员执业资格制度,在发达国家已有100多年的历史,现已成为国际惯例。所谓执业资格制度,就是对具有一定专业学历的技术人员要求其参加相关考试以获取执业资格,在按规定进行注册后方可实际执业的管理制度的统称。在针对某一具体执业资格时,一般就称为"注册××师"制度。自20世纪80年代中期开始,我国也先后在律师、会计、教师、建筑、医生、资产评估等行业开始实行执业资格制度。现有注册建筑师、注册结构工程师、注册监理工程师、注册造价工程师、注册建造师、注册设计师、注册评估师、注册咨询师、注册规划师、注册计量师等,以下主要介绍注册结构工程师和公路监理工程师两种。

一、注册结构工程师制度

1. 注册结构工程师的概念

注册结构工程师是指取得注册结构工程师执业资格书和注册书,从事房屋结构、桥梁结构及塔架结构等工程设计及相关业务的专业技术人员。

世界各国对注册结构工程师设置的级别不一样,根据我国《注册结构工程师执业资格制度暂行规定》,注册结构工程师分为一、二两级。一级注册结构工程师执业的范围不受工程规模及工程复杂程度的限制,而二级注册结构工程师则要受一定限制,具体限制范围由建设部作出相关的规定。

2. 注册结构工程师执业资格管理机构

注册结构工程师的考试与注册,由全国和省、自治区、直辖市的注册结构工程师管理委员会负责进行,并由建设部、人事部和省、自治区、直辖市人民政府建设行政主管部门、人事行政主管部门进行指导、监督和管理。

3. 注册结构工程师执业资格考试

注册结构工程师执业资格考试分为基础考试和专业考试两部分。基础考试的目的是测试考生是否基本掌握进入结构工程设计实践所必须具备的基础及专业理论知识,参加考试的人员必须是大学本科毕业并达到规定年限。通过基础考试后,从事结构工程设计或相关业务满一定年限的人员,方可申请参加专业考试,其目的是测试考生是否已具备按国家法律和设计规范进行结构工程设计,以保证工程安全可靠和经济合理的能力。考试采取全国统一大纲、统一命题、统一组织的方法,原则上每年举行一次。参考人员资格、具体考试内容和考试方法由建设部与人事部规定。目前,基础考试的科目有数学、数值方法、化学、物理、理论力学、结构力学、流体力学、土力学、工程测量、建筑材料、电工学、计算机基础、结构设计、结构试验、建筑施工与管理、工程经济、职业法规等18门。专业考试的科目有钢筋混凝土结构、砌体结构与木结构、桥梁结构、地基与基础、高层建筑、高耸结构与横向作用(以上6科中任选4科)及设计概念、建筑经济与设计业务管理共6科。二级注册结构工程师专业考试内容也基本相同,但较一级注册结构工程师要简单一些。

4. 注册结构工程师的注册

取得注册结构工程师执业资格者,要从事结构工程设计业务的,必须先行注册。有下列情形之一的,将不能获准注册。

(1)不具备完全民事行为能力的。

(2)因受刑事处罚,自处罚完毕之日起至申请之日止不满5年的。

(3)因在结构工程设计或相关业务中犯有错误受到行政处罚或撤职以上行政处分,自处罚决定之日起至申请注册之日止不满2年的。

(4)受吊销注册结构工程师证书处罚,自处罚决定之日起至申请之日止不满5年的。

目前,结构工程师注册申请只能由其所在单位代为进行,我国尚不接受个人申请。注册有效期为2年。届时需要继续注册的,应在期满前30日内办理注册手续。

注册结构工程师注册后,发生下列情形之一的,注册结构工程师管理委员会将撤销其注册,并收回注册证书。

(1)完全丧失民事行为能力的。

(2)受刑事处罚的。

(3)因在工程设计或相关业务中造成工程事故,受到行政处罚或撤职以上行政处分的。

(4)自行停止注册结构工程师业务满2年的。

注册被撤销后,要按规定要求重新申请注册。

5. 注册结构工程师的执业

(1)执业范围。注册结构工程师可从事:

①结构工程设计;

②结构工程设计技术咨询;

③建筑物、构筑物、工程设施等调查和鉴定;

④对本人主持设计的项目进行施工指导和监督;

⑤建设部和国务院有关部门规定的其他业务。

(2)执业要求及责任。目前,我国尚不允许注册结构工程师个人单独执业,所以,注册结构工程师必须加入一个勘察设计单位后才能执业,并由单位统一接受设计业务和统一收费。当注册结构工程师因结构设计质量造成经济损失时,其赔偿责任先由勘察设计单位承担,然后再向注册结构工程师追偿。目前建设部正在制订具体的执业管理和处罚办法。

6. 注册结构工程师的权利与义务

(1)权利。《注册结构工程师执业资格制度暂行规定》中指出,国家规定的一定跨度、高度等以上的结构工程设计,应由注册结构工程师主持设计;只有注册结构工程师才有权以注册结构工程师的名义执行注册结构工程师的业务;任何单位和个人修改注册结构工程师的设计图纸,应当征得该注册结构工程师的同意,但因个人丧失民事行为能力、本人下落不明等特殊情况不能征得该注册结构工程师同意的除外。

(2)义务。注册结构工程师必须遵守法律、法规和职业道德,维护社会公共利益;保证工程设计的质量,并在其负责的设计图纸上签字盖章;保守在执业中知悉的单位和个人的秘密;不得同时受聘于两个以上勘察设计单位执行业务,也不得准许他人以本人名义执行业务。注册结构工程师还要按规定接受必要的继续教育,定期进行业务和法规的培训,作为重新注册的依据。

二、公路监理工程师制度

1. 公路监理工程师的概念

公路监理工程师是指经交通主管部门审定资质,予以批准注册,并取得交通部统一印制的监理工程师证书,从事施工监理工作的人员。

2. 公路监理工程师的注册

(1)具备下列条件者,可申请监理工程师资格注册:

①申请者应为交通系统公路专业监理咨询单位或兼承监理的勘察设计、科学研究单位在职或长期聘用的专业技术人员。

②获得公路高级工程师或相应的任职资格,经交通部组织的监理工程师统一培训或交通部认可的监理工程师培训,考核合格并取得结业证书;或者有5年以上的设计、施工管理实践经历,获得公路工程师或相应的任职资格已2年,经交通部组织的监理工程师统一培训或交通部认可的监理工程师培训,考试合格取得结业证书。

③曾在交通大中型基本建设项目中,从事过施工监理工作。

(2)具备下列条件、尚未具备监理工程师资格注册条件,因需要已确定在某交通建设项目中从事施工监理工作,可申请专项监理工程师资格注册:

①申请者为非施工企业人员。

②获得公路高级工程师或相应的任职资格;或者有5年以上的设计、施工管理实践经历,获得公路工程师或相应的任职资格已2年。

③参加过监理业务培训,熟悉监理岗位各方面的工作。

注册管理机构每3年进行一次复查,对不符合条件的,注销其注册并收回证书。

● 第五节　公路工程施工现场人员执业资格管理 ●

为使工程施工管理达到较高水平,高质量、高效益、按规定工期全面完成施工任务,就必须有一支懂技术、善经营、会管理的高素质的管理队伍及一批具有一定专业知识和熟练操作技能的技术工人，为此，目前我国实行了关键岗位持证上岗制度，对相关人员的资质进行严格管理。

一、注册建造师

1. 概念

2002年12月5日，人事部、建设部联合印发了《建造师执业资格制度暂行规定》（人发［2002］111号），这标志着我国建立建造师执业资格制度的工作正式建立。该规定明确指出，建造师是指从事建设工程项目总承包和施工管理关键岗位的专业技术人员。

建造师分为一级建造师和二级建造师，英文分别为Constructor和Associate Constructor。一级建造师具有较高的标准、较高的素质和管理水平，有利于开展国际互认。同时，考虑我国建设工程项目量大面广，工程项目的规模差异悬殊，各地经济、文化和社会发展水平有较大差异以及不同工程项目对管理人员的要求也不尽相同，设立二级建造师，可以适应施工管理的实际需求。

2. 资格

一级建造师执业资格实行全国统一大纲、统一命题、统一组织的考试制度，由人事部、建设部共同组织实施，原则上每年举行一次考试；二级建造师执业资格实行全国统一大纲，各省、自治区、直辖市命题并组织的考试制度。考试内容分为综合知识与能力和专业知识与能力两部分。一级、二级建造师执业资格考试合格人员分别获得《中华人民共和国一级建造师执业资格证书》、《中华人民共和国二级建造师执业资格证书》。

3. 注册

取得建造师执业资格证书，且符合注册条件的人员，必须经过注册登记后，方可以建造师名义执业。建设部或其授权机构为一级建造师执业资格的注册管理机构；各省、自治区、直辖市建设行政主管部门制定本行政区域内二级建造师执业资格的注册办法，报建设部或其授权机构备案。准予注册的申请人员，分别获得《中华人民共和国一级建造师注册证书》、《中华人民共和国二级建造师注册证书》。已经注册的建造师必须接受继续教育，更新知识，不断提高业务水平。建造师执业资格注册有效期一般为3年，期满前3个月，要办理再次注册手续。

4. 定位与职责

建造师是以专业技术为依托、以工程项目管理为主业的执业注册人员，目前建造师以施工管理为主。建造师是懂管理、懂技术、懂经济、懂法规、综合素质较高的复合型人员，既要有理论水平，也要有丰富的实践经验和较强的组织能力。建造师注册受聘后，可以建造师的名义担任建设工程项目施工的项目经理，从事其他施工活动的管理以及法律、行政法规或国务院建设行政主管部门规定的其他业务。在行使项目经理职责时，一级注册建造师可以担任《建筑业企业资质等级标准》中规定的特级、一级建筑业企业资质的建设工程项目施工的项目经理；二级注册建造师可以担任二级建筑业企业资质的建设工程项目施工的项目经理。大中型工程项目的项目经理必须逐步由取得建造师执业资格的人员担任；但取得建造师执业资格的人员能否担任大中型工程项目的项目经理，应由建筑业企业自主决定。

5. 主要执业范围

1）执业范围

注册建造师有权以建造师的名义担任建设工程项目的项目经理；从事其他施工活动的管

理;从事法律法规或国务院行政主管部门规定的其他业务。

2)担任项目经理

建造师执业资格制度建立以后,承担建设工程项目施工的项目经理仍是施工企业所承包某一具体工程的主要负责人,他的职责是根据企业法定代表人的授权,对工程项目自开工准备至竣工验收,实施全面地组织管理;而大中型工程项目的项目经理必须由取得建造师执业资格的建造师担任,即建造师在所承担的具体工程项目中行使项目经理职权,注册建造师资格是担任大中型工程项目的项目经理之必要条件。建造师须按《建造师执业资格制度暂行规定》(人发[2002]111号)的规定,经统一考试和注册后才能从事担任项目经理等相关活动,这是国家的强制性要求,而项目经理的聘任则是企业行为。

3)鼓励和提倡“一师多岗”

近期,注册建造师以建设工程项目施工的项目经理为主要岗位,同时鼓励和提倡注册建造师“一师多岗”,从事国家规定的其他业务,例如担任质量监督工程师等。

6. 和项目经理的关系

建造师与项目经理定位不同,但所从事的都是建设工程的管理。建造师执业的覆盖面较大,可涉及工程建设项目管理的许多方面,担任项目经理只是建造师执业中的一项;项目经理则限于企业内某一特定工程的项目管理。建造师选择工作的权力相对自主,可在社会市场上有序流动,有较大的活动空间;项目经理岗位则是企业设定的,项目经理是企业法人代表授权或聘用的、一次性的工程项目施工管理者。

项目经理责任制是我国施工管理体制上的一个重大的改革,对加强工程项目管理,提高工程质量起到了很好的作用。建造师执业资格制度建立以后,项目经理责任制仍然要继续坚持,《国务院关于取消第二批行政审批项目和改变一批行政审批项目管理方式的决定》(国发[2003]5号)旨在取消项目经理资质的行政审批,而不是取消项目经理。项目经理仍然是施工企业某一具体工程项目施工的主要负责人,他的职责是根据企业法定代表人的授权,对工程项目自开工准备至竣工验收,实施全面的组织管理。有变化的是,大中型工程项目的项目经理必须由取得建造师执业资格的建造师担任,注册建造师资格是担任大中型工程项目经理的一项必要性条件,是国家的强制性要求。但选聘哪位建造师担任项目经理,则由企业决定,那是企业行为。小型工程项目的项目经理可以由不是建造师的人员担任。所以,要充分发挥有关行业协会的作用,加强项目经理培训,不断提高项目经理队伍素质。

二、关键岗位从业资格管理

1. 关键岗位持证上岗制

所谓关键岗位是指企业单位中关系着工程质量、产品质量、服务质量、经济效益、生产安全和人民财产安全的重要岗位。如施工项目经理、施工机械操作人员等,这些岗位与工程质量、效益及生产安全都有十分密切的联系,所以必须保证这些岗位上的工作人员具有较高的素质和相应的技能。为此,我国实行了建设企事业单位关键岗位持证上岗的制度。规定指出,凡需在关键岗位上工作的人员,必须经过有关部门或机构的培训和考试考核后,才能领取相应的岗位合格证书。未取得岗位合格证的人员,一律不得在关键岗位上工作。同时,在各建设企事业的资质等级评定标准中,对持证上岗方面的要求也作出了明确规定:凡达不到规定要求的,将被降低资质等级并不得参加企业升级和先进企事业单位评选。这一制度的建立,对确保工程建设质量和人民生命财产安全起到了重要作用。

2. 关键岗位持证上岗制管理机构

(1)主管部门。国务院建设行政主管部门主管全国建设企事业单位关键岗位持证上岗工作;省、自治区、直辖市建设行政主管部门负责本行政区域内建设企事业单位持证上岗工作;国务院有关部门负责本部门建设企事业单位关键岗位持证上岗工作。

(2)发证机关。省、自治区、直辖市建设行政主管部门为本地区岗位合格证的发证机关。国务院各有关部门可以为具体部门所属的建设企事业单位颁发岗位合格证,也可委托建设企事业单位所在地的发证机关代其审查和颁发岗位合格证。上述发证机关应设立资格考核机构。负责组织岗位资格培训、考试及资格考核。

3. 岗位合格证的申请与复检

(1)岗位合格证的申请。由申请人向本单位提出申请,再由其单位将有关材料统一报送所对应的发证机关审查,在考核机构对申请人的文化程度、工作能力、岗位实习、工作经历及培训考试和职业道德等情况进行审查合格后,核发岗位合格证书。该证书在全国同行业、同专业、同类型的建设企事业单位中有效。

(2)岗位合格证的复检。持证人员岗位合格证的复检,由发证机关随企业资质晋升、审查定期进行。持证人调离本岗位工作的,原单位应在其岗位合格证上注明,当其新任职岗位与原岗位性质相同时,岗位合格证继续有效;当脱离原岗位并改变任职性质5年以上的,岗位合格证失效;脱离原岗位并改变任职性质5年以下3年以上的,要由原单位进行适应性培训后方可重新上岗。

复习思考题

1. 什么是法人?从事公路建设项目的法人应具有哪些法律特征?
2. 什么是公路建设执业资格制度?我国公路建设执业资格制度包括哪几个方面?
3. 各级公路勘察设计机构的业务范围是如何规定的?
4. 外国建设企业在我国从事建设活动时,怎样对其资质进行审查和管理?
5. 什么是注册结构工程师?它分为几级?
6. 什么是注册建造师?它与项目经理的关系如何?
7. 何谓关键岗位持证上岗制?怎样申请岗位合格证?其有效期是如何规定的?

第三章 公路建设程序

教学要求

1. 解释公路建设的概念以及公路建设程序的概念；
2. 描述公路建设程序的阶段划分；
3. 解释公路建设项目后评价报告的概念，描述其主要内容；
4. 说明公路建设项目后评价报告的编制依据和方法。

●第一节 概 述●

一、公路建设的概念

公路建设是指公路项目的新建、扩建和改建，是形成固定资产的基本生产过程及与之相关的其他建设工作的总称。其他工程建设工作，包括建设单位及其主管部门的投资决策活动以及征用土地、工程勘察设计、工程监理等。这些工作是工程建设必不可少的内容。

公路建设为国民经济的发展和人民生活的改善提供重要的物质技术基础，并对众多产业的振兴发挥促进作用，因此它在国民经济中占有相当重要的地位，国家也十分重视运用法律手段，通过制定和实施公路建设管理法规，加强对公路建设的管理。

二、公路建设程序的概念

公路建设程序是在认识公路建设客观规律基础上总结提出的，在公路建设全过程中各项工作都必须遵守的先后次序。它也是公路建设各个环节相互衔接的顺序。

公路建设是社会化生产，它有着产品体积庞大、建造场所固定、建设周期长、占用资源多的特点。在建设过程中，工作量极大，牵涉面很广，内外协作关系复杂，且存在着活动空间有限和后续工作无法提前进行的问题。因此，公路建设就必然存在着一个分阶段、按步骤，各项工作按序进行的客观规律。这种规律是不可违反的，如果人为地将公路建设的顺序颠倒，就会造成严重的资源浪费和经济损失。所以世界各国对这一规律都十分重视，对之进行了认真地探索研究，不少国家还将研究成果以法律的形式固定下来，强迫人们在从事公路建设活动时遵守，我国也制定颁行了不少有关公路建设程序方面的法规。当然，随着社会的发展和对公路建设认识的不断加深，我们又会总结出更加科学、合理的公路建设程序。

另外，《中华人民共和国公路法》、《中华人民共和国土地法》、《中华人民共和国城市规划法》、《中华人民共和国建筑法》等法律中,也有关于工程建设程序的一些规定。

•第二节 公路建设程序•

《公路法》第22条规定:"公路建设应当按照国家规定的基本建设程序和有关规定进行。"该规定用法律形式确定了公路基本建设程序制度。公路基本建设程序不仅是公路建设质量的保障,也是公路建设科学管理的内容之一。

根据交通部令2006年第6号《公路建设监督管理办法》第8条的规定,"公路建设应当按照国家规定的建设程序和有关规定进行。政府投资公路建设项目实行审批制,企业投资公路建设项目实行核准制。县级以上人民政府交通主管部门应当按职责权限审批或核准公路建设项目,不得越权审批、核准项目或擅自简化建设程序。"

根据《公路建设监督管理办法》第9条规定,政府投资公路建设项目的实施,应当按照下列程序进行:

(1)根据规划,编制项目建议书;

(2)根据批准的项目建议书,进行工程可行性研究,编制可行性研究报告;

(3)根据批准的可行性研究报告,编制初步设计文件;

(4)根据批准的初步设计文件,编制施工图设计文件;

(5)根据批准的施工图设计文件,组织项目招标;

(6)根据国家有关规定,进行征地拆迁等施工前准备工作,并向交通主管部门申报施工许可;

(7)根据批准的项目施工许可,组织项目实施;

(8)项目完工后,编制竣工图表、工程决算和竣工财务决算,办理项目交、竣工验收和财产移交手续;

(9)竣工验收合格后,组织项目后评价。

国务院对政府投资公路建设项目建设程序另有简化规定的,依照其规定执行。

根据《公路建设监督管理办法》第10条规定,企业投资公路建设项目的实施,应当按照下列程序进行:

(1)根据规划,编制工程可行性研究报告;

(2)组织投资人招标工作,依法确定投资人;

(3)投资人编制项目申请报告,按规定报项目审批部门核准;

(4)根据核准的项目申请报告,编制初步设计文件,其中涉及公共利益、公众安全、工程建设强制性标准的内容应当按项目隶属关系报交通主管部门审查;

(5)根据初步设计文件编制施工图设计文件;

(6)根据批准的施工图设计文件组织项目招标;

(7)根据国家有关规定,进行征地拆迁等施工前准备工作,并向交通主管部门申报施工许可;

(8)根据批准的项目施工许可,组织项目实施;

(9)项目完工后,编制竣工图表、工程决算和竣工财务决算,办理项目交、竣工验收;

(10)竣工验收合格后,组织项目后评价。

由上可见,上述规定大体分为拟建、准备、施工和工程验收阶段。

一、拟建阶段

1. 根据公路长远规划或项目建议书进行可行性研究

通过现场调查和必要的勘探,全面草拟建设项目对政治、经济、军事、社会等方面的重要性与经济、技术、环境等方面的可行性,在此基础上,提出几个建设方案进行比选,选取技术与经济可行、效益高、投资少、工期短的方案,提出可行性报告。可行性研究是公路建设前期必不可少的重要环节,为建设项目的决策和计划任务书的编制提供重要依据。

2. 根据可行性研究编制计划任务书

计划任务书是工程建设的大纲,是确定建设项目和建设方案(包括依据、规模、布局、主要技术、经济方面的要求)的基本文件,也是进行现场勘测和编制文件的主要依据。它制约着工程建设的全过程和各个方面,属基本建设的指导性、决策性文件。公路基本建设项目计划任务书的内容有:

(1)建设依据和重要意义。

(2)路线或独立大桥的建设规模及修建性质。

(3)路线的走向和主要控制点,独立大桥的主要控制点。

(4)工程技术标准和主要技术指标。

(5)按几个阶段设计,各阶段完成时间。

(6)建设期限和投资估算及资金来源的建议。

(7)设计、施工、科研力量的原则安排。

(8)路线示意图及工程数量、钢材、水泥、木材用料估算表(工程数量、投资、三材估算等只在上报任务书时列入,供审批时参考,上级下达任务书时可不列入)。

3. 计划任务书的审批

计划任务书由工程所在地省级发改委或交通厅上报;交通部投资的跨省干线或特殊项目,由交通部会同有关省共同上报;大型项目的计划任务书按照投资隶属关系,由交通部或省发改委提出审查意见后报国家发改委审批;具有特殊性质或特别重大的项目,由国家发改委提出审查意见报国务院审批;中型项目,按照投资隶属关系,由交通部或省发改委提出意见后,报国家发改委审批,或由国家发改委委托交通部或省发改委审批;小型项目,由交通部投资的项目,由交通部审批,地方投资的项目,由省发改委审批,联合投资项目,由交通部或省发改委审批。计划任务书是确定基本建设项目与编制设计文件的重要依据,一经批准就不得任意变更,如建设规划、技术标准、路线走向等内容有原则变更时,须报经原批准机关同意。

二、准备阶段

从计划任务书被批准之日起到施工开始前的时间为准备阶段。

在准备阶段要做好的工作有:进行现场勘测、编制初步设计文件和概算,按照项目分类和投资隶属关系报请主管机关审批;编制施工图和施工预算;列入年度基本建设计划;进行施工前的人力和物资准备;编制实施性施工组织设计及开工报告,报上级主管部门核准备案。

准备阶段的关键性环节是编制公路工程设计文件。设计文件是安排建设项目、控制投资、编制招标文件、组织施工和竣工验收的重要依据。设计文件必须由具有相应等级的公路勘察设计证书的单位编制。

设计文件一般包括初步设计和施工图设计两个阶段,简单的小型项目可只采用施工图设计,复杂的大型项目可增加技术设计。

设计单位根据批准的计划任务书,进行现场勘测,编制初步设计文件和概算,进行初步设计,制定出设计文件并作出概算后,按投资隶属关系分别报批。《关于交通工程建设项目管理工作有关问题的通知》规定,为确保跨省大骨架高级公路的顺利建设,协调好路线走向、控制点、技术标准、建设周期等,凡国家主干道内的汽车专用公路,其初步设计文件及概算均应报交通部审批。由地方投资的非主干道一般公路,其初步设计文件及概算,由所在省、自治区、直辖市交通厅审批。经批准的初步设计文件及概算,应列入国家基本建设年度计划,视规模不同分别报批。大中型和限额以上的建设项目,由交通部向国家发改委提出申请,并由国家发改委报国务院审批。小型基建项目和30万元以上的技改项目,由交通部审批。经批准的项目,应尽快落实施工单位、劳动力、材料与设备,积极组织施工,务求保质量按期完工。未经批准的初步设计文件及概算不得列入国家基本建设年度计划,未列入年度计划的项目,一律不准施工。

根据批准的初步设计文件,编制施工图和施工图预算。初步设计经批准后,设计部门据此进行制图。施工图与施工图预算由项目所在地的交通厅或施工单位主管的工程局会同设计单位、建设银行审批。施工预算应控制在经批准的概算范围之内,经批准的施工图及预算,交由施工单位组织施工。

设计单位要精心设计,严格保证设计质量,每个建设项目都要有设计负责人,对设计质量全面负责。每项设计都要认真进行调查研究,反复比较,确定合理的设计方案,要求在设计中贯彻勤俭建国和因地制宜、就地取材的原则,结合我国的经济、技术实际,吸取国内外成熟的先进经验,积极采用新技术、新材料、新设备、新工艺,节约用地,重视环境保护。注意与农田水利及其他建设工程的协调和综合利用,使设计的工程建设项目取得经济、社会和环境的综合效益。

设计文件包括:总说明书、路线、路基、路面、桥梁、涵洞、隧道、路线交叉、沿线设施及其他工程、环境保护、筑路材料、施工方案、设计概算和施工图预算等。

设计文件一经批准后不得随意修改,若确需修改,如属一般性修改,经原设计单位同意和该项目工程技术负责人审定后可以修改;如有原则变动或总概算有增加时,必须报经设计文件批准机关批准后,方可修改。

列入年度基本建设计划后,施工单位进行施工前的各项准备工作。

三、施工阶段

施工单位按照批准的设计文件与预算进行施工。在接受施工任务后,首先要准备各项工作。通过核对设计文件,进行补充调查和施工测量,编制实施性施工组织设计。实施性的施工组织设计,要严格遵照设计文件,不得任意修改。如发现有明显不合理和错误时,应主动向设计单位和建设单位提出;如设计方案和技术标准等有原则性变动和总概算有增加时,须报设计文件批准机关的批准。随后,要充分准备施工中需要的物质条件,安排好施工中与其他部门的联系。大中型项目在开工前还须提出开工报告，报交通部或省级基建主管部门核查备案。《公路法》对施工单位提出了严格的要求，施工必须搞好计划管理、质量管理、技术管理、财务管理、物资管理、劳资管理、安全管理等。施工单位要做好内部自身的工程质量管理。

施工阶段即公路建设工程的实施阶段，是从理论到实施的转化过程，从计划到现实的转化过程，是公路建设程序中的关键环节。

施工阶段又分为施工准备和施工作业两个步骤。

1. 施工准备

(1)组织力量核对设计文件，进行补充调查和施工测量，编好实施性施工组织设计。

(2)安排好施工所需的劳力、材料、机械、工具、工棚和生活供应等工作。

(3)就有关问题与有关部门联系，签订协议，如征地拆迁、电力、水源供应等。

(4)大中型项目在开工前应向上级主管部门提出开工报告。

2. 施工作业

(1)推行全面质量管理，严格按照工程设计标准施工。

(2)严格遵守技术操作规程。

(3)建立健全工程质量监理机构、监理人员和检测设备。

(4)加强经济核算，严格财务管理，合理使用资金。

(5)严格控制材料用量，降低消耗。

(6)合理使用劳力，提高出勤率和劳动生产率。

(7)安全生产，严格遵守安全操作规程，加强劳动保护。

(8)加强施工机械设备管理，保持完好状态，提高设备利用率。

四、工程竣工验收阶段

交通部1995年发布《公路工程竣工验收办法》，2004年交通部又修订颁发了《公路工程竣(交)工验收办法》(交通部[2004]3号令公布)。经过实践总结，《公路法》第33条规定："公路建设项目和公路修复项目竣工后，应当按照国家有关规定进行验收；未经验收或者验收不合格的，不得交付使用。"它用法律再次确定了公路工程竣工验收制度。交通部1998年发布《关于加强公路工程项目竣工验收工作的通知》，也具体明确了公路工程竣工验收制度。

1. 公路工程竣工验收的范围

凡新建和改建的公路工程，均应进行竣工验收。养护、大修和改造工程可参照进行。

2. 公路工程竣工验收的依据

(1)批准的工程可行性研究报告；

(2)批准的工程设计、概算、预算文件；

(3)批准的变更设计文件及图纸；

(4)批准或确认的招标文件及合同文体；

(5)上级机关对工程的指示文件；

(6)交通部颁布的公路工程标准、规范及国家有关规定等。

3. 公路工程验收的阶段

公路工程验收的阶段分为交工验收和竣工验收两个阶段。

(1)交工验收:是由建设单位主持,主要是检查施工合同的执行情况和监理工作情况,提出工程质量等级建议,交工验收后经项目所在地省级交通主管部门批准试运营,试运营期为一年(特殊项目可适当延长,但不得超过两年)。未进行交工验收的项目不得试运营。

(2)竣工验收:是由交通部或批准工程初步设计文件的地方交通主管部门主持,主要是全面考核建设成果,总结经验教训,对建设项目进行综合评价,确定工程质量等级。

第三节 公路建设项目后评价报告的编制

一、公路建设项目后评价报告

公路建设项目后评价报告是在公路通车运营 2 ~ 3 年内,用系统工程的方法,对建设项目决策、设计、施工和运营各阶段工作及其变化的成因,进行全面的跟踪、调查、分析和评价。

二、公路建设项目后评价报告的主要内容

公路建设项目后评价报告的主要内容如下。

(1)建设项目的过程评价:依据国家现行的有关法令、制度和规定,分析和评价项目前期工作、建设实施、运营管理等执法过程,从中找出变化原因,总结经验教训。

(2)建设项目的效益评价:根据实际发生的数据和后评价时国家颁布的参数进行国民经济评价和财务评价,并与前期工作阶段按预测数据进行的评价相比较,分析其差别和成因。

(3)建设项目的影响评价:分析、评价对影响区域的经济、社会、文化以及自然环境等方面所产生的影响。评价一般可分为社会经济影响评价和环境影响评价。

(4)建设项目目标持续性评价:根据对建设项目的公路网状况、配套设施建设、管理体制、方针政策等外部条件和运行机制、内部管理、运营状况、公路收费、服务情况等的内部条件进行分析,评价项目目标(服务交通量、社会经济效益、财务效益、环境保护等)的持续性,并提出相应的解决措施和建议。

三、公路建设项目后评价报告的编制

1. 公路建设项目后评价报告编制依据

编制建设项目后评价报告必须以项目各阶段的正式文件和项目建成通车 2 ~ 3 年内进行的各种调查及重要运行参数的测试数据为依据。

项目通车后需要进行的调查主要有:交通量调查、车辆运行特征调查、车辆运输费用调查、工程质量调查、项目财务状况调查、社会经济效果调查、环境调查等。

项目各阶段的正式文件主要包括:项目建议书、可行性研究报告、初步设计、施工图设计及其审查意见批复文件、施工阶段重大问题的请示及批复、工程竣工报告、工程验收报告和审计后的工程竣工决算及主要图纸等。

2. 公路建设项目后评价的方法

公路建设项目后评价的方法应采用综合比较法,即根据项目各阶段所预定的目标,从项目作用与影响、效果与效益、实施与管理、运营与服务等方面追踪对比,分析评价。前期工作的评

价技术原则上可用于项目的后评价。

3. 公路建设项目后评价报告的编制原则

公路建设项目后评价报告的编制必须客观、公正、科学，不应受项目各阶段文件结论的束缚。

复习思考题

1. 何谓公路建设？
2. 何谓公路建设程序？我国公路建设程序分为几个阶段？
3. 什么叫公路建设项目后评价报告？其主要内容有哪些？

第四章

公路规划及环境保护

教学要求

1. 解释公路规划的概念；
2. 说明公路规划的基本原则；
3. 描述公路规划批准权的法律效力；
4. 说明公路命名编号的方法；
5. 描述公路规划控制区的理论及意义；
6. 解释公路环境和环境保护以及公路建设环境保护的概念；
7. 描述公路环境保护管理的内容；
8. 描述公路环境保护设计的内容；
9. 描述公路建设项目环境影响评价的内容。

• 第一节　公 路 规 划 •

一、公路规划基本原则

1. “三个需要”原则

根据《公路法》第 12 条，公路规划应当根据国民经济和社会发展以及国防建设的需要进行编制。

2. “两个相协调”原则

根据《公路法》第 12 条，公路规划应当与城市发展规划和其他方式的交通运输发展规划相协调。

3. “一个应当符合”原则

根据《公路法》第 13 条，公路建设用地规划应当符合土地利用总体规划，当年建设用地应当纳入年度建设用地计划。

《公路法》第 12 条、第 13 条规定的公路规划基本原则在法律上的地位是：为制定关于公路规划的法规、规章提供立法根据，给公路规划的法规、规章的内容设定框架。

二、公路规划编制权

1. 国道

国道规划是由国务院交通主管部门会同国务院有关部门并商国道沿线省、自治区、直辖市人民政府负责编制。

2. 省道

省道规划是由省、自治区、直辖市人民政府交通主管部门会同同级有关部门并商省道沿线下一级人民政府负责编制。

3. 县道

县道规划是由县(市)级人民政府交通主管部门会同同级有关部门负责编制。

4. 乡道

乡道规划是由县级人民政府交通主管部门协助乡、民族乡、镇人民政府负责编制。

5. 专用公路

专用公路规划是由专用公路的主管单位负责编制。

三、公路规划批准权及其法律效力

1. 国道

根据《公路法》第14条第1款规定,"国道规划由国务院交通主管部门会同国务院有关部门并商国道沿线省、自治区、直辖市人民政府编制,报国务院批准。"

根据《公路法》第14条第6款、第16条第1款规定,批准后的国道规划具有两方面的法律效力:一是省道规划应当与国道规划相协调;二是国道规划的局部调整由原编制机关决定。国道规划需要做重大修改的,由原编制机关提出修改方案,报国务院批准。违反该法律效力的决定是无效的。

2. 省道

根据《公路法》第14条第2款规定,"省道规划应报省、自治区、直辖市人民政府交通主管部门会同同级有关部门并商省道沿线下一级人民政府编制,报省、自治区、直辖市人民政府批准,并报国务院交通主管部门备案。"

根据《公路法》第14条第6款、第16条第3款规定,批准后的省道规划具有两方面的法律效力:一是县道规划应当与省道规划相协调;二是省道规划需要修改的,由原编制机关提出修改方案,报原批准机关批准。

3. 县道

根据《公路法》第14条第3款规定,"县道规划由县级人民政府交通主管部门会同同级有关部门编制,经本级人民政府审定后,报上一级人民政府批准。"

根据《公路法》第14条第6款、第16条第3款规定,批准后的县道规划具有两方面的法律效力:一是乡道规划应当与县道规划相协调;二是县道规划需要修改的,由原编制机关提出修改方案,报原批准机关批准。

4. 乡道

根据《公路法》第14条第4款规定,"乡道规划由县级人民政府交通主管部门协助乡、民族乡、镇人民政府编制,报县级人民政府批准。"

根据《公路法》第16条第3款规定,批准后的乡道规划需要修改的,由原编制机关提出修改方案,报原批准机关批准。

5. 专用公路

根据《公路法》第 15 条规定，“专用公路规划由专用公路主管单位编制，经上级主管部门审定后，报县级以上人民政府交通主管部门审核。”

根据《公路法》第 15 条第 2 款规定，专用公路规划应当与公路规划相协调。县级以上人民政府交通主管部门发现专用公路规划与国道、省道、县道、乡道规划有不协调的地方，应当提出修改意见，专用公路主管部门和单位应当作出相应的修改。

四、公路的命名与编号

1. 公路的命名

根据《公路法》第 17 条，国道的命名，由国务院交通主管部门确定；省道、县道、乡道的命名，由省、自治区、直辖市人民政府交通主管部门按照国务院交通主管部门的有关规定确定。国务院交通主管部门早在 1989 年提出了中华人民共和国国家标准《公路路线命名编号和编码规则——命名和编号规则》，依照这一规则，公路的命名方法是：

(1)公路路线名称由路线起讫点地名中间加连接符号“—”组成。路线简称采用起讫点地名的首位汉字或简称。干线公路名称及简称不可重复，个别出现重复时，采用其他能表示该路线起讫点地名特征的简称加以区别。例如：北京—深圳公路，简称“京深线”；北京—天津塘沽公路，简称“京塘线”。

(2)路线起讫点若是两条公路的连接或某居民区，应采用该点所在地名。

上述规定基本解决了我国公路的命名问题，但并不彻底。例如：关于所在地的是村、乡还是县、市没有明确；路线起讫点只能表示“起”与“讫”点，不能表示中间的地区；对新出现的用企业名称、商品名称给公路的命名没有明确说明。

2. 公路的编号

根据《公路法》第 17 条，国道的编号，由国务院交通主管部门确定；省道、县道、乡道的编号，由省、自治区、直辖市人民政府交通主管部门按照国务院交通主管部门的有关规定确定。国务院交通主管部门早在 1989 年提出了中华人民共和国国家标准《公路路线命名编号和编码规则——命名和编号规则》，依照这一规则，公路的编号方法是：

(1)公路路线的编号由 1 位公路管理等级代码和 3 位数字构成。公路路线的编号等级代码为汉语拼音字母：国道 G、省道 S、县道 X、乡道 Y、专用公路 Z、其他公路 Q。

(2)国道按首都放射线、北南纵线、东西横线分别顺序编号。以首都为中心的放射线用“1”开始编号，例如：国道 G101、G109；由北向南纵线用“2”开始编号，例如：G201、G209；由东向西横线用“3”开始编号，例如：G301、G325。

(3)省道在各省、自治区、直辖市界内按省会(首府)放射线、北南纵线、东西横线分别顺序编号。以省会(首府)为中心的放射线用“1”开始编号，例如：S101、S109；由北向南纵线用“2”开始编号，例如：S201、S209；由东向西横线用“3”开始编号，例如：S301、S325。

(4)县、乡、专用公路及其其他公路以各省、自治区、直辖市公路管理区域为基础分别顺序编制，均由 3 位路线顺序号构成；顺序号不足 3 位数字时，在前位充“0”。

五、公路规划控制区

1. 公路规划控制区的理论及意义

公路规划控制区是《公路法》在原有公路用地、公路建筑控制区制度基础上，新增加的一项管理制度。

公路规划控制区的管理意义在于防止造成公路街道化，影响公路的运行安全与畅通。

2. 公路规划控制区的管理条件及违反后的责任

1）公路规划控制区的管理条件

（1）适用的范围：1998 年 1 月 1 日后规划和新建村镇、开发区应当遵守公路规划控制区的制度。

（2）管理的内容：第一，规划和新建村镇、开发区应当保持规定的距离，“规定的距离”由各地根据实际情况制定；第二，规划和新建村镇、开发区应当避免在公路两侧对应进行。

（3）公路规划控制区的管理意义：防止造成公路街道化，影响公路的运行安全与畅通。

2）违反公路规划控制区管理的责任

虽然《公路法》第八章法律责任中没有对违反公路规划控制区管理的责任做出规定，但不等于管理失控，只要把公路用地、公路建筑控制区、公路平面交叉道口管好管到位，就能有效管好公路规划控制区。

第二节　公路建设与环境保护管理

一、基 本 概 念

环境是指影响人类生存和发展的各种天然的和经过人工改造的自然因素的总体，包括大气、水、海洋、土地、矿藏、森林、草原、野生生物、自然遗迹、人文遗迹、自然保护区、风景名胜区、城市和乡村等。

环境保护是指保护和改善生活环境与生态环境，防治污染和其他公害，保障人体健康，促进社会主义现代化建设的发展。

公路工程建设环境保护，是指在公路工程建设活动中，防止产生新的污染和破坏生态环境，加强环境保护。

二、公路建设环境保护管理

公路行业各级规划、工程管理、财务、物资等部门应将公路建设项目的环境保护工作纳入本部门工作计划。计划部门须将计划安排的公路建设项目通知同级交通环境保护部门。

各级交通环境保护部门应协助有关部门完成以下各项工作：

（1）建设项目可行性研究阶段，落实环境影响评价工作，并审查评价费用。

（2）参与评审建设项目环境影响评价大纲、环境影响报告书（表）、建设项目工程可行性研究报告和初步设计中环保篇章。

（3）监督检查设计、施工中与环境保护有关的设施落实情况，参与建设项目竣工验收。

(4)监督检查建设项目正式投入生产后环境保护设施运转情况和环境质量常规监测工作。

(5)定期向上一级交通环境保护部门报告有关工作情况。

三、公路环境保护设计

环境保护是我国的一项基本国策,我国公路建设项目的设计和施工,历来十分重视对自然环境的保护工作,按照以防为主、治为辅、防治结合的设计原则,防止公路建设带来环境负影响以改善环境。

1. 社会环境

社会环境是指公路沿线范围内,人类在自然环境基础上,经过长期有意识地社会劳动所创造的人工环境。

公路社会环境保护设计应调查、搜集公路沿线的土地资源、农田水利设施、建筑物、行政区划、人文景观等社会环境现状及其远景发展规划,并进行综合分析,论证公路建设与社会环境的相互影响关系。

公路社会环境保护设计应立足于对社会外境的开发和利用,使公路建设产生更多的社会效益。

2. 生态环境

生态环境是指公路中心线两侧各200 m范围内的自然保护区、水源保护地、森林、草原、湿地和野生生物及其栖息地等。

公路应绕避生态环境中所列的保护对象。公路对生态环境中的保护对象产生干扰时,应结合受保护对象的特性提出保护方案,将不利影响减少到最低的限度。有条件时,宜进行环境补偿。

3. 环境污染防治

环境污染防治是指公路施工期、营运期的噪声、废气、污水等对生活环境的污染防治。公路建设项目应主要防治下列环境污染:

(1)公路交通噪声、施工作业噪声对声环境的污染。

(2)公路营运车辆的尾气、搅拌站(场)的烟尘和施工扬尘对环境空气的污染。

(3)公路服务区等的生活污水、路面径流、施工废水和工业废渣等对水环境的污染。

(4)施工中的废弃物对景观环境的污染。

公路环境污染防治主要针对以下环境敏感点:

(1)声环境敏感点。学校、医院、疗养院、城乡居民区和有特殊要求的地区。

(2)环境空气敏感点。省级以上自然保护区、风景名胜区、人文遗迹以及学校、医院、疗养院、城乡居民区和有特殊要求的地区。

(3)水环境敏感点。饮用水源及养殖水源保护地。

4. 景观与绿化

景观是指公路路线、桥梁、隧道、互通式立交、沿线设施等人工构造物同公路通过地带的自然景观与人文景观相互融合后构成的景观。绿化是指公路沿线及互通式立交区、服务区等公路用地范围内的绿化。

应结合自然环境、经济条件、公路构造物的特点，因路制宜进行景观与绿化设计，形成同自然景观相协调的建筑群体。

应充分利用绿化以缓解因修建公路给沿线带来的各种影响。有条件时应结合防护工程进行绿化设计，保护自然环境，改善景观。

四、公路建设项目环境影响评价

公路建设项目对环境影响的特点是公路线形的带状影响，其长约几十公里或数百公里，宽几公里或几十公里，在这个范围内其环境亦是多种多样的。

高速公路、一级公路和经过水源保护区、自然保护区、风景名胜区、文物古迹保护区、经济林带、大中城市的二级公路以及有特殊意义的公路，应编制《公路建设项目环境影响评价大纲》和《公路建设项目环境影响报告书》。对于公路建设规模较小，沿线环境状况比较简单的二级公路及其他有特殊意义的公路，可只编制《公路建设项目环境影响报告书》。

评价分为现状评价和预测评价，预测年限取公路竣工投入营运后第 7 年和第 15 年。

1. 社会环境影响评价

包括社区发展的影响、居民生活质量和房屋拆迁的影响、基础设施的影响、资源利用的影响、景观环境的影响等评价。

2. 生态环境影响评价

包括野生植物与动物及其栖息地的影响、水土流失的影响、农业土壤与农作物中铅含量的影响、水环境的影响等评价。

3. 环境空气影响评价

4. 环境噪声影响评价

复习思考题

1. 什么是公路规划？公路规划的法律效力是如何规定的？
2. 何谓环境？何谓环境保护？
3. 公路建设项目应主要防治哪些环境污染？

第五章

公路建设招标与投标

教学要求

1. 解释公路建设招标的概念；
2. 说明公路建设招标的原则和范围；
3. 解释公路建设招标人的概念；
4. 说明建设单位招标具备的条件；
5. 解释公路建设招标代理机构的概念；
6. 描述招标代理机构应具备的条件及其从业资格；
7. 说明招标项目应具备的条件；
8. 描述公路工程招标的方式及其各自的特点；
9. 描述公路建设工程招标的要求；
10. 解释公路工程投标人的概念；
11. 描述投标人应具备的条件；
12. 描述投标联合体的资格和责任；
13. 描述投标文件的内容、时间和行为的要求；
14. 解释公路工程开标的概念；
15. 描述关于开标时间、地点和其他相关规定；
16. 解释公路工程评标的概念；
17. 描述评标委员会的组成和相关规定；
18. 明确中标通知书的概念；
19. 描述签订承包合同和提交招标投标报告的规定。

第一节　招　　标

一、概　　述

1. 公路建设工程招标概念

公路建设工程招标，是指招标人就拟建工程发布通告，以法定方式吸引承包单位参加竞争，从中择优选定工程承包人的法律行为。

从法律上讲，由于招标缺少合同成立的重要条件——价格，所以，它不构成合同签订程序中的要约，而只是一种要约邀请。但这并不意味着招标人可以不受其招标行为的约束，根据

《中华人民共和国合同法》的规定，招标人一旦进入招标程序，就应承担缔约责任，同时，他还要受公路建设市场管理的相关法规的约束。

2. 公路建设工程招标的原则

公路建设工程招标的原则也就是建设工程招投标活动所应遵循的基本原则：公开、公平、公正和诚信。

所谓“公开”，就是必须具有极高的透明度，招标信息、招标程序、开标过程、中标结果都必须公开，使每一个投标人获得同等的信息。

所谓“公平”，就是要求给所有投标人平等机会，使他们享有的权利和履行的义务都是同等的，不得歧视任何一方。

所谓“公正”，就是要求按事先公布的标准进行评标，要公正对待每一个投标人。

“诚信”，这是所有民事活动都应遵循的基本原则之一。它要求当事人应以诚实、守信的态度行使权力、履行义务，保证彼此都能得到自己应得的利益，同时不得损害第三人和社会的利益，不得规避招标、串通投标、泄露标底、骗取中标等。

3. 公路建设工程招标的范围

下列公路工程施工必须进行招标，但涉及国家安全、国家机密、抢险救灾或利用扶贫资金实行以工代赈等不适宜进行招标的项目除外。达到下列规模标准之一的，必须进行招标：

(1)投资总额在3000万元人民币以上的公路工程施工项目；

(2)施工单项合同估算价在200万元人民币以上的公路工程施工项目；

(3)法律、行政法规规定应当招标的其他公路工程施工项目。

分标段招标的，招标人应合理划分标段，合理确定工期。施工标段的确定应有利于施工单位的合理投入和机械化施工。高速公路标段路基工程一般应不小于5000万元。边远地区和特殊地段可视实际情况调整。监理标段的划分应不低于施工标段标准。

严禁将必须进行招标的公路建设项目化整为零或以其他任何方式规避招标。

根据《公路建设市场管理办法》第21条规定：“公路建设项目法人应当按照公开、公平、公正的原则，依法组织公路建设项目的招标工作。不得规避招标，不得对潜在投标人和招标人实行歧视政策，不得实行地方保护和暗箱操作。”

二、招　标　人

《公路工程施工招标投标管理办法》第8条规定：“公路工程施工招标的招标人，应当是依照本办法规定提出公路工程施工招标项目、进行公路工程施工招标的项目法人。”

1. 自行招标所应具备的条件

交通部颁发的招标投标管理办法规定，招标人自行招标的，应具备下列条件：

(1)具有与招标项目相适应的工程管理、造价管理、财务管理能力；

(2)具有组织编制公路工程施工招标文件的能力；

(3)具有对投标人进行资格审查和组织评标的能力。

具备上述条件的招标人，可组织相应的招标机构负责招标事宜。《公路工程施工招标投标管理办法》还规定，“任何组织和个人不得为招标人指定招标代理机构。”不具备规定条件的，应当委托具有相应资格的招标代理机构办理公路工程施工招标事宜。

2. 招标代理机构

1）招标代理机构概念

招标代理机构是指依法设立，从事招标代理业务并提供相关服务的社会中介组织。我国是从1983年左右开始进行招标活动的，相应的招标代理机构也才开始出现，成立于1984年的中国技术进出口总公司国际招标公司（后改为中技国际招标公司）是我国第一家招标代理机构。目前，全国专门从事招标代理业务的机构已有数百家，还有一些建设工程咨询、监理咨询单位也可进行建设工程招标代理业务。

2）招标代理机构必须具备的条件

根据《中华人民共和国招标投标法》，招标代理机构必须具备下列条件：

（1）有从事招标代理业务的营业场所和相应资金。营业场所是提供代理服务的固定地点。

根据我国现行公司法的规定，招标机构属咨询服务性公司，其注册资金不得少于10万元。这是开展招标代理业务所必需的物质条件。

（2）具有编制招标文件和组织评标的专业力量。招标文件是联系沟通招、投标双方的桥梁，招标文件是否完整严谨将直接影响招标质量，也是招标成败的关键。组织评标水平的高低，将直接影响招标的效果，也将决定招标是否公正。因此，具有编制招标文件和组织评标的业务能力是招标代理机构必须具备的基本条件。

（3）有符合法律规定，可以作为评标委员会成员人选的技术、经济等方面的专家库。为保证评标的公正性和权威性，《公路工程施工招标投标管理办法》规定，评标委员会必须有技术、经济等方面的专家参加，且其人数不少于评标委员会总人数的2/3，参加评标的专家采取随机抽取的方式从专家库中产生。因此，招标代理机构必须具有符合法律规定的专家库。

3. 招标代理机构的从业资格

为保证招标代理机构的业务素质和专业水平，《中华人民共和国招标投标法》规定，招标代理机构还必须具备相应的从业资格，对其实行设立条件和从业资格双重限定。从事工程建设项目招标代理业务的从业资格由国务院或省、自治区、直辖市人民政府的建设行政主管部门认定。为保证招标活动的客观公正，招标代理机构必须独立于政府和有关当事人之外，《公路工程施工招标投标管理办法》明确规定：“招标代理机构与行政机关和其他国家机关不得存在隶属关系或者其他利益关系。”“招标人有权自行选择招标代理机构委托其办理招标事宜。任何单位和个人不得以任何方式为招标人指定招标代理机构。”

三、招标项目应具备的条件

批准建设的建设工程项目只有在具备一定的条件后，才能进行招标，这些条件主要由3方面组成：一是落实建设资金；二是已履行相关审批手续；三是必要的准备工作已完成。《公路工程施工招标投标管理办法》第7条规定，公路工程施工招标的项目应当具备下列条件：

（1）初步设计文件已被批准；

（2）建设资金已经落实；

（3）项目法人已经确定，并符合项目法人资格标准要求。

建设工程项目具备必要的条件后，招标人可向当地行政主管部门或其招标办事机构提出招标申请,经审查批准后,方可开展招标活动。

四、招 标 方 式

1. 招标的两种方式:公开招标、邀请招标

采用公开招标的,招标人应当通过国家指定的报刊、信息网络或者其他媒体发布招标公告,邀请具备相应资格的、不特定的法人投标。

采用邀请招标的,招标人应当以发送投标邀请书的方式,邀请3家以上具备相应资格的、特定的法人投标。应邀参加投标的单位不得少于3家。

以前的法规中,还规定过招标的另一种形式:议标。即通过与特定的法人或其他经济组织进行协商来确定承包人。议标实质上就是直接发包,它只是承发包的一种方式。这次颁行的《公路工程施工招标投标管理办法》已将其排斥在外,明确规定招标只分为公开招标和邀请招标两种,从法律层面上,对招标这一概念进行了澄清和规范。

2. 公开招标和邀请招标的主要区别

(1)发布信息的方式不同。一是公告,二是投标邀请书。

(2)选择承包人的范围不同。公开招标是面向全社会的,一切潜在的对招标项目感兴趣的法人和其他经济组织都可参加投标竞争,其竞争性体现得最为充分,招标人拥有绝对的选择余地,但他事先不能掌握投标人的数量。邀请招标所针对的对象是事先已了解的法人或其他经济组织,投标人的数目有限,其竞争性是不完全充分的,招标人的选择范围相对较小,他可能漏掉在技术上或报价上更有竞争力的承包人或供应商。

(3)公开的程度不同。公开招标中,所有的活动都必须严格按照预先指定并为大家所知的程序及标准公开进行,其作弊的可能性大大减小;而邀请招标的公开程度就相对逊色一些,产生不法行为的机会也就多一些。

(4)时间和费用不同。由于公开招标程序比较复杂,投标人的数量没有限定,所以其时间和费用都相对较多。而邀请招标只在有限的投标人中进行,所以其时间可大大缩短,费用也可有所减少。

五、建设工程招标的要求

为保证招标的公正、公平,《公路工程施工招标投标管理办法》对招标活动规定了一些限制性要求。

1. 招标方式上的限制

《公路工程施工招标投标管理办法》第11条规定:“公路工程施工招标应当实行公开招标,法律、行政法规和本办法另有规定的除外。”

符合下列条件之一,不适宜公开招标的,依法履行审批手续后,可以进行邀请招标:

(1)项目技术复杂或有特殊技术要求,且符合条件的潜在投标人数量有限的;

(2)受自然地域环境限制的;

(3)公开招标的费用与工程费用相比,所占比例过大的。

2. 信息发布的要求

为保证招标信息发布的准确和竞争的公平、公正,《公路工程施工招标投标管理办法》

规定：

采用公开招标方式的应当发布招标公告，其内容应包括招标人的名称和地址，招标项目的名称、技术标准、规模、投资情况、工期、实施地点和时间，以及获取招标文件的办法等事项。依法必须招标的项目，其招标公告必须通过国家指定的报刊、信息网络或其他媒介发布，其他项目招标公告的发布渠道，则由招标人自由选择。

采用邀请招标方式的，应当发出投标邀请书，其内容与上述招标公告的要求一样。受到邀请的投标人不得少于3个，且都应具备承担招标项目的能力，资信良好。

3. 禁止实行歧视待遇的要求

为防止招标人非法左右招标活动，保证竞争的公平与公正，《公路工程施工招标投标管理办法》规定，招标人不得以不合理的条件限制或排斥潜在投标人等其他内容。

4. 保证合理时间的要求

《公路工程施工招标投标管理办法》第21条规定："编制资格预审申请文件的时间，自开始发售资格预审文件之日起至潜在投标人提交资格预审申请文件截止时间止，不得少于14日。"

"编制投标文件的时间，自招标文件开始发售之日起至投标人提交投标文件截止时间止，高速公路、一级公路、技术复杂的特大桥梁、特长隧道不得少于28日，其他公路工程不得少于20日。"

•第二节　投　　标•

一、投　标　人

1. 投标人的概念

公路工程施工招标的投标人是指响应投标，参加投标竞争的公路工程施工单位。

所谓响应投标，是指获得招标信息或受到投标邀请书后购买投标文件，接受资格审查，编制投标文件（俗称标书）等按招标人要求所进行的活动。

参加投标竞争是指按照投标文件的要求在规定时间内提交投标文件的活动。

2. 投标人应具备的条件

为保证建设工程的顺利完成，《公路工程施工招标投标管理办法》规定："投标人应当具备招标文件规定的资格条件，具有承担所投标项目的相应能力。"

投标人在向招标人提出投标申请时，应附带有关投标资格的资料，以供招标人审查，这些资料应表明自己存在的合法地位、资质等级、技术装备水平、资金与财务状况、近期经营状况及以前所完成的与招标工作项目有关的业绩。《公路工程施工招标资格预审办法》就规定，投标单位应向招标单位提供以下材料：

（1）营业执照；

（2）相关工程施工资质证书；

（3）法人证书或法定代表人授权书及公证书；

（4）财务资信和能力的证明文件（包括近3年来财务平衡表及财务审计情况等）；

(5)拟派出的项目负责人与主要技术人员的简历、相关资格证书及业绩证明,并按要求提供备选人员的相关信息;

(6)拟用于完成投标项目的主要施工机械设备;

(7)初步的施工组织计划,包括质量保证体系、安全管理措施等内容;

(8)近5年来完成的类似工程施工业绩情况及履约信誉的证明材料;

(9)目前正在承担和已经中标的全部工程情况;

(10)资产构成情况及投资参股的关联企业情况。

3. 投标联合体

大型建设工程项目,往往不是一个投标人所能完成的,所以,法律允许几个投标人组成一个联合体,共同参与投标,并对联合体投标的相关问题出了明确规定。

(1)联合体的法律地位。联合体是由多个法人或经济组织组成,但它在投标时是作为一个独立的投标人出现的,具有独立的民事权利能力和民事行为能力。

(2)联合体的资格。《公路工程施工招标资格预审办法》规定:

①联合体主办人应具备与所投标段工程内容相适应的施工资质,联合体各成员单位都应当具备招标文件规定的相应资质条件;由同一专业施工单位组成的联合体。按照资质等级较低的单位确定资质等级。这是为了促使资质优秀投标人组成联合体,防止以高等级资质获取招标项目,而由资质等级低的投标人来完成的行为。

②联合体主办人所承担的工程量必须超过总工程量的50%。

③联合体各签订联合体协议后,不得再以自己名义单独或以其他联合体成员的名义申请同一标段的资格预审。

④提交联合体各成员单位共同签订的联合体协议,明确主办人及成员单位各自的权利和义务以及应当承担的责任。

二、投标要求

1. 投标文件内容要求

《公路工程施工招标投标管理办法》第29条、第30条规定:"投标人应当按招标文件的要求编制投标文件,并对招标文件提出的实质性要求和条件作出响应。"实质性要求和条件,是指招标项目的价格、项目进度计划、技术规范、合同的主要条款等,投标文件必须对之作出响应,不得遗漏、回避,更不能对招标文件进行修改或提出任何附带条件,对于建设工程施工招标,投标文件还应包括拟派出的项目负责人与主要技术人员的简历、业绩和拟用于完成工程项目的机械设备等内容。投标人拟在中标后将中标项目的部分非关键性工作进行分包的,应当向招标人提交分包计划,并在投标文件中载明。分包单位的资质应当与其承担的工程规模标准相适应。

《公路工程施工招标投标管理办法》第32条规定:"投标文件按照要求送达后,在招标文件规定的投标截止时间前,投标人如需撤回或者修改投标文件,应当以正式函件提出并作出说明。修改投标文件的函件是投标文件的组成部分,其形式要求、密封方式、送达时间,适用对投标文件的规定。"

2. 投标时间的要求

《公路工程施工招标投标管理办法》规定,“招标人对投标人按时送达并符合密封要求的投标文件,应当签收,并妥善保存。招标人不得接受未按照要求密封的投标文件及投标截止时间后送达的投标文件。”

3. 投标行为的要求

对于投标中各方的行为,也有明确的要求。

(1)保密要求。由于投标是一次性的竞争行为,为保证其公正性,就必须对当事人各方提出严格的保密要求。投标文件及其修改、补充的内容都必须以密封的形式送达,招标人签收后必须原样保存,不得开启。对于标底和潜在投标人的名称、数量以及可能影响公平竞争的其他有关招投标的情况,招标人都必须保密,不得向他人透露。

(2)合理报价。投标人不得以低于成本的价格报价、竞标。投标人以低于成本的价格报价,是一种不正当的竞争行为,他一旦中标,必然会采取偷工减料、以次充好等非法手段来避免亏损,以求得生存。这将严重破坏社会主义市场经济秩序,给社会带来隐患,必须予以禁止。但投标人从长远利益出发,放弃近期利益,不要利润,仅以成本投标,这是合法的竞争手段,法律是予以保护的。这里所说的成本,是以社会平均成本和企业个别成本来计算的,并要综合考虑各种价格差别因素。

(3)诚实信用。从诚实信用的原则出发,投标人不得相互串通投标,不得与招标人串通投标,损害国家利益、社会公共利益和他人合法利益,不得向招标人或评标委员会成员行贿以谋取中标,不得以他人名义投标或以其他方式弄虚作假、骗取中标。

4. 投标人数量的要求

投标人少于 3 个的,招标人应当依照本法重新招标。当投标人少于 3 个时,就会缺乏有效竞争,投标人可能会提高承包条件,损害招标人利益,从而与招标目的相违背,所以必须重新组织招标,这也是国际上的通行做法。在国外,这种情况称之为“流标”。

第三节 开标、评标与中标

一、开 标

1. 开标的概念

开标是指投标截止后,招标人按招标文件所规定的时间和地点,开启投标人提交的投标文件,公开宣布投标人的名称、投标价格及投标文件中的其他主要内容的活动。

2. 开标的时间与地点

《公路工程施工招标投标管理办法》规定:“开标时间应当与招标文件中确定的提交投标文件截止时间一致。开标地点应当是招标文件中预先确定的地点,不得随意变更。”

根据这一规定,招标文件截止时间即是开标时间,它一般都精确至某年某月某时某分。之所以这样规定,是避免开标与投标截止时间之间存在时间间隔,从而防止泄露投标内容等行为的发生。

开标地点事先在招标文件中明确规定,有利于投标人准时参加开标,从而更好地维护了其合法利益。

3. 有关开标的相关规定

(1)参加人 。《公路工程施工招标投标管理办法》规定:"开标应当公开进行。开标由招标人主持,邀请交通主管部门和所有投标人的法定代表人或其授权的代理人参加。"邀请所有投标人参加,是为了保证招投标公正,使他们了解开标的过程和其他投标人的投标情况,从而对评标结果是否合理作出判断,这对招标人可起到一定的监督作用。开标时,可邀请招标主管部门、评标委员会、监察部门的有关人员参加,也可委托公证部门对整个开标过程依法进行公证。

(2)标书密封的现场认定。开标时,由投标人或其推选的代表检查投标文件的密封情况,也可以由招标人委托的公证机构检查并予以公证。

(3)当众宣读、记录备查。投标文件的密封情况经确认无误后,招标人应当当众拆封,并宣读投标人名称、投标价格和投标文件的其他主要内容。招标人设有标底的,应当同时公布标底。招标人应将开标的整个过程记录在案,由主持人和其他工作人员签字确认后,存档备查。这种规定的目的就是要增加开标的透明度,接受投标人和其他相关部门的监督。

二、评　　标

评标,就是依据招标文件的规定和要求,对投标文件所进行的审查、评审和比较。它既是保证招标成功的重要环节,又是一项涉及多种知识的复杂的技术活动。评标由招标人组建的评标委员会负责。

1. 评标委员会

(1)评标委员会的组成。为保证评标的公正性和权威性,《公路工程施工招标投标管理办法》规定,依法必须进行招标的项目,其评标委员会由招标人的代表和技术、经济专家组成,人数为5人以上单数,其中专家人数不得少于成员总数的2/3。

(2)评标委员会中专家的资格。为保证评标的质量,参加评标的专家必须是具有较高的专业水平,并有丰富的实际工作经验,对相关业务相当熟悉的专业技术人员。为此,《中华人民共和国招标投标法》规定,参加评标委员会的专家应当满足从事相关领域工作满8年并具有高级职称或具有同等专业水平的条件。

(3)评标委员会专家人选的确定。为防止招标人选定评标专家的主观随意性,评标专家由招标人从国务院或省、自治区、直辖市人民政府有关部门提供的专家名册或招标代理机构的专家库中确定。一般招标项目可采取随机抽取方式,特殊招标项目因有特殊要求或技术特别复杂,只有少数专家能够胜任,所以可由招标人直接确定。但与投标人有利害关系的人不得进入评标委员会,已经进入的也应更换。

2. 评标的相关规定

(1)评标标准。评标时应严格按照招标文件确定的评标标准和方法,对投标文件进行评审和比较,设有标底的,应参考标底。任何未在招标文件中列明的标准和方法,均不得采用,对招标文件中已列明的标准和方法,不得有任何改变。这是保证评标公正、公平的关键,也是国际通行的做法。

(2)独立评审。评标是招标人和评标委员会的独立活动,不应受外界的干预和影响,以免影响评标的公正。《公路工程施工招标投标管理办法》特别规定："任何单位和个人不得非法干预、影响评标过程和结果。"同时，还规定了相应的惩处措施。这对我国工程建设项目的招投标具有十分重大的现实意义。当然，法律也规定：招标人应采取必要的措施，保证评标在严格保密的情况下进行；评标委员会成员和与评标的有关人员不得透露对投标文件的评审比较情况、评标结果及其他与评标有关的情况。

(3)投标文件的澄清。评标时，若发现投标文件的内容有含义不明确、不一致或明显的文字错误、纯属计算上的错误等情形，评标委员会可以要求投标人对投标文件中含义不明确的内容作出必要的澄清和说明，以确认其正确的内容。但投标人的澄清与说明，只能是对上述问题的解释和补正，它不能补充新的内容或更改投标文件中的报价、技术方案、工期、主要合同条款等实质性内容。澄清的要求及答复均应采取书面形式。投标人的答复必须有法定代表人或其授权代理人的签字，并作为投标文件的组成部分。

(4)评标人的责任。《公路工程施工招标投标管理办法》规定："评标委员会成员不得私下接触投标人，不得收受贿赂或者投标人的其他好处，不得透露对投标文件的评审、中标候选人的推荐情况以及与评标有关的其他情况。评标委员会成员存在违规行为的，一经查实，取消其评标委员会成员资格，并不得再参加任何依法必须进行招标的项目的评标。"

3. 评标结果

评标结束后，评标委员会应向招标人提交书面评标报告，并就中标人提出意见，根据不同情况，可有3种不同意见。

(1)推荐中标候选人。评标委员会可在评标报告中推荐1~3个中标候选人，由招标人确定。

(2)直接确定中标人。在得到招标人授权的情况下，评标委员会可在评标报告中直接确定中标人。

(3)否决所有投标。经评审，评标委员会认为所有投标都不符合招标文件的要求，它可否决所有投标。这时，强制招标的项目应重新进行招标。

三、中　标

1. 中标通知书

中标通知书即招标人向中标的投标人发出的告知中标的书面通知文件。《公路工程施工招标投标管理办法》规定，确定中标人后，招标人应向中标人发出中标通知书，并同时将中标结果通知所有未中标的投标人。中标通知书发出后，即对招标人和中标人产生法律效力。

招投标过程就是订立合同的过程，投标是投标人发出的要约，中标通知书则是招标人作出的承诺。一般情况下，承诺送达要约人时生效，合同也随之成立，这即是一般合同中承诺生效的"收信主义"。但《公路工程施工招标投标管理办法》对承诺的生效采用了"发信主义"，即作出承诺时即生效。因此，如果在中标通知书发出后，招标人改变中标结果，或是中标人放弃中标项目，都要承担相应的法律责任。

2. 签订承包合同

根据《公路工程施工招标投标管理办法》规定，招标人和中标人应当自中标通知书发出之日起30日内，按照招标文件和中标人的投标文件订立书面合同。招标人和中标人不得再行订立背离合同实质性内容的其他协议，如签订了这样的协议，其在法律上也是无效的。

3. 提交招标投标报告

强制招标的项目，招标人应自确定中标人之日起 15 日内，将评标报告向有关机关进行备案。国道主干线和国家高速公路网建设项目的工程施工招标文件应当报交通部备案，其他公路建设项目的工程施工招标文件应当按照项目管理权限报县级以上地方人民政府交通主管部门备案。这是国家对招投标活动所进行的监督活动之一，它对保护国家利益、社会公共利益及公众安全，是很有必要的。交通主管部门发现招标文件存在不符合法律、法规及规章规定内容的，应当在收到备案文件后的 7 天内，提出处理意见，及时行使监督检查职责。

复习思考题

1. 什么是招标？它应遵循的原则是什么？

2. 招标方式有几种？它们之间的主要区别是什么？

3. 投标人应具备什么条件？

4. 何谓开标？对开标时间、地点、参加人及开标过程都有哪些规定？

5. 何谓评标？对评标委员会的组成有哪些规定？哪些人可参加评标？有关评标的规定还有哪些？

第六章

公路勘察设计

教学要求

1. 解释公路勘测设计的概念；
2. 解释公路建设标准的概念；
3. 说明公路建设标准的种类；
4. 说明公路勘察设计标准的种类；
5. 描述公路建设标准的实施规定；
6. 解释公路勘察设计合同的概念；
7. 描述公路勘察设计合同的特征；
8. 说明公路勘察设计合同签订的规定及方式；
9. 描述公路工程设计的原则及依据；
10 描述公路工程设计阶段及内容；
11. 描述公路设计文件的审批与修改的规定；
12. 描述中外合作设计工程项目的范围；
13. 描述中外合作设计工程项目的审批；
14. 描述外国设计机构的资格审查；
15. 描述中外合作设计的合同管理及其他管理。

● 第一节　公路勘察设计的概念与标准 ●

一、公路勘察设计的概念

公路勘察是指为满足公路建设的规划、设计、施工、运营及综合治理等方面的需要，对地形、地质及水文等状况进行测绘、勘探测试，并提供相应成果和资料的活动。

公路工程设计是指运用公路工程技术理论及技术经济方法，按照现行技术标准，对新建、扩建、改建的公路工程项目的工艺、土建、公用工程、环境工程等进行综合性设计及技术经济分析，并提供作为建设依据的设计文件和图纸的活动。

在公路建设的各个环节中，勘察是基础，而设计是整个工程建设的灵魂，它们对工程的质量和效益都起着至关重要的作用。

为缩短设计和建设周期、节约材料和减少能耗、提高工程质量和综合经济效益，国家积极提倡和推广标准设计。

二、公路建设标准

1. 公路建设标准的概念

标准是指对重复性事物和概念所做的统一性规定。它以科学技术和实践经验的综合成果为基础，经有关方面协商统一，由主管机构批准，以特定形式发布，作为共同遵守的准则和依据。

公路建设标准是指对基本建设中公路工程的勘察、规划、设计、施工、验收等需要协调统一的事项所制定的标准。

制定和实施各项建设标准，并逐步使其各系统的标准形成相辅相成、共同作用的完整体系，即实现公路建设标准化，是实现现代化公路建设的重要手段，也是现阶段我国公路建设领域一项重要的经济、技术政策。它不仅可保证公路建设的质量及安全生产，而且全面提高公路建设的经济效益、社会效益和环境效益。

2. 公路建设标准的种类

从不同的角度划分，公路建设标准有不同的种类。

(1) 按标准的内容分，公路建设可分为技术标准、经济标准和管理标准 3 类。

(2) 按适用范围分，公路建设标准可分为国家标准、行业标准、地方标准和企业标准。

公路建设国家标准是指在全国范围内统一的技术要求。如通用的质量标准、术语、符号、代号、建筑模数等。

公路建设行业标准是指公路建设活动中，在公路行业范围内统一的技术要求。如行业专用的质量标准、专用的术语、符号、代号和专用的试验、检验、评定办法等。

公路建设地方标准是指公路建设活动中，根据当地的气候、地质、资源、环境等条件在省、自治区、直辖市范围内统一的技术要求。它不得低于相应的国家标准或行业标准。

公路建设企业标准是指公路建设活动中企业内部统一的技术要求。它不得低于国家标准、行业标准和地方标准。

(3) 按执行效力分，公路建设标准可分为强制性标准和推荐性标准。

强制性标准是指必须执行的标准，如公路建设勘察、规划、设计、施工及验收等通用的综合标准和质量标准等。

推荐性标准是指当事人自愿采用的标准，凡是强制性标准以外的标准皆为推荐性标准。

3. 公路勘察技术标准

《基本建设设计工作管理暂行办法》、《基本建设勘察工作管理暂行办法》规定：

(1) 勘察技术标准（包括规范、规程）是工程建设标准化工作的组成部分，是各项勘察工作的技术依据。各类建设工程的勘察都必须制定相应的技术标准，并逐步建立统一的工程勘察技术标准体系，同时要在一定时间内完成配套工作。

(2) 制定或修订技术标准，都必须贯彻执行国家的有关技术经济政策，要紧紧围绕提高经济效益，做到技术先进、经济合理、安全适用、确保质量。

(3) 勘察技术标准，分为国家、部、省市自治区和勘察单位 4 级。各级技术标准的审批颁发，应采取分级负责的办法。

①国家勘察技术标准，是指在全国范围内需要统一的标准，应由主编单位提出并报国家计

划委员会审批、颁发。

②部勘察技术标准，是指在全国各专业范围内需要统一的标准，应由主编单位提出并报主管部审批、颁发，同时报国家计划委员会备案。

③省、市、自治区勘察技术标准，是指在本地区范围内需要统一的标准，应由主编单位提出并报省、市、自治区主管基建的综合部门审批、颁发，同时报国家计划委员会备案。

④勘察单位可根据本单位工作特点和需要制定在本单位内部使用的勘察技术细则、勘察技术规定，由勘察单位自行颁发执行，并报上一级主管部门备案。

勘察技术标准一经颁发，就是技术法规，在一切工程建设的勘察工作中都必须执行，凡不符合勘察技术标准要求的勘察技术成果，不得提出。

4. 公路设计标准

《基本建设设计工作管理暂行办法》、《基本建设勘察工作管理暂行办法》规定：工程建设设计标准规范和标准设计，是设计标准化的重要组成部分。各类工程建设的设计都必须制定相应的标准规定；各类工程建设的构配件（零部件），通用的构筑物、建筑物、公用设施以及单项工程等，凡有条件的都应编制标准设计。

制定或修订设计标准规范和标准设计，必须贯彻执行国家的技术经济政策，密切结合自然条件和技术发展水平，合理利用能源、资源、材料和设备，充分考虑使用、施工、生产和维修的要求，做到通用性强，技术先进，经济合理，安全适用，确保质量，便于工业化生产。

（1）设计标准规范分为国家、部、省市自治区和设计单位 4 级。标准设计分为国家、部和省市自治区 3 级。各级设计标准规范和标准设计的审批、颁发，应采取分级负责的办法。

①国家设计标准规范和标准设计，是指在全国范围内需要统一的标准规范和标准设计，应由主编部门提出并报国家计划委员会审批、颁发。

②部设计标准规范和标准设计，是指在全国各专业范围内需要统一的标准规范和标准设计，应由主编单位提出并报主管部审批、颁发。标准规范应报国家计划委员会备案。

③省、市、自治区设计标准规范和标准设计，是指在本地区范围内需要统一的标准规范和标准设计，应由主编单位提出并报省、市、自治区主管基建的综合部门审批、颁发。标准规范应报国家计划委员会备案。

设计单位标准规范，是指在本单位范围内需要统一、在本单位内部使用的设计技术原则、设计技术规定，由设计单位批准执行，并报上一级主管部门备案。

（2）设计标准规范一经颁发，就是技术法规，在一切工程建设设计工作中都必须执行。标准设计一经颁发，建设单位和设计单位要因地制宜地积极采用，凡无特殊理由的不得另行设计。

三、公路建设标准的实施

公路建设标准的实施，不仅关系到公路的经济效益、社会效益和环境效益，而且直接关系到公路建设者、所有者和使用者的人身安全及国家、集体和公民的财产安全。因此，必须严格执行，认真监督。相关法规规定：

（1）各级行政主管部门在制订有关工程建设的规定时，不得擅自更改国家及行业的强制性标准；从事工程建设活动的部门、单位和个人，都必须执行强制性标准；对于不符合强制性标准的工程勘察成果报告和规划、设计文件,不得批准使用;不按标准施工,质量达不到合格标准的工程,不得验收。

(2)工程质量监督机构和安全监督机构,应根据现行的强制性标准,对公路建设的质量和安全进行监督,当监督机构与被监督单位对适用的强制性标准发生争议时,由该标准的批准部门进行裁决。

(3)各级行政主管部门应对勘察、设计、规划、施工单位及建设单位执行强制性标准的情况进行监督检查。国家机关、社会团体、企业、事业单位及全体公民均有权检举、揭发违反强制性标准的行为。

(4)对于公路建设推荐性标准,国家鼓励自愿采用。采用何种推荐性标准,由当事人在工程合同中予以确认。

•第二节　勘察、设计合同•

一、概　　述

1. 概念

勘察设计合同是指建设单位或有关单位为完成一定的勘察、设计任务,明确双方权利、义务的协议。建设单位或有关单位称委托方或委托人,勘察、设计单位称承包人或勘察人、设计人。根据勘察、设计合同,承包人完成委托方委托的勘察、设计项目,委托方接受符合要求的勘察设计成果,并给付报酬。

2. 特征

1)勘察、设计合同的当事人双方应具备的条件

勘察、设计合同的当事人双方应当具有民事权利能力和民事行为能力。发包方建设单位或项目管理部门;承包人应当是具有国家批准的勘察、设计许可证,具有经有关部门核准的资质等级的勘察、设计单位。从事建设工程勘察、设计的单位应当依法取得相应等级的资质证书,并在资质等级许可的范围内承揽工程。禁止勘察、设计单位超越资质等级许可的范围或者以其他勘察、设计单位的名义承揽工程。勘察、设计单位允许其他单位或者个人以本单位的名义承揽工程。勘察、设计单位不得转包或者非法分包所承揽的工程。

2)勘察、设计合同的签订必须符合工程项目建设程序

勘察、设计合同必须符合国家规定的工程项目建设程序。合同的签订应以国家批准的设计任务书或其他有关文件为基础。

3)勘察、设计合同具有建设工程合同的基本特征

勘察、设计合同是建设工程合同的一种类型。因此,勘察、设计合同也具有建设工程合同的基本特征,表现在以下几个方面:

(1)勘察、设计单位必须按照工程建设强制性标准进行勘察、设计,并对其勘察、设计的质量负责。

(2)注册建筑师、注册结构工程师等注册执业人员应当在设计文件上签字,对设计文件负责。

(3)勘察单位提供的地质、测量、水文等勘察成果必须真实、准确;设计单位应当根据设计成果文件进行建设工程设计。

(4)设计文件应当符合国家规定的设计深度要求,注明工程合理使用年限。

(5)设计单位在设计文件中选用的建筑材料、建筑构配件和设备,应当注明规格、型号、性能等技术指标,其质量要求必须符合规定的标准。

(6)除有特殊要求的建筑材料、专用设备、工艺生产线等外,设计单位不得指定生产厂、供应商。

(7)设计单位应当就审查合格的施工图设计文件向施工单位作出详细说明。

(8)设计单位应当参与建设工程质量事故分析,并对因设计造成的质量事故,提出相应的技术处理方案。

3. 法律规范

有关的法律规范包括:《中华人民共和国建筑法》(1997 年)、《中华人民共和国合同法》(1999 年)、《中华人民共和国招标投标法》(1999 年)、《建设工程质量管理条例》(2000 年)、《建设工程勘察设计合同条例》(1983 年)。

二、勘察、设计合同的签订

1. 勘察设计合同签订前对当事人资格和资信的审查

对当事人资格的审查,不仅是为了保证合同有效,受法律保护,而且保证合同能得到正确的实施。这是合同签订前必不可少的工作。

1)资格审查

审查当事人是否属于按国家规定的审批程序成立的法人组织,有无法人章程和营业执照,其经营活动是否超过章程或营业执照规定的范围。同时还要审查参加签订合同的有关人员,是否是法定代表人或法人委托的代理人,以及代理人的活动是否越权等。

2)资信审查

资信就是资金和信用的简称。资金当事人有权支配并能运用于生产经营的财产的货币形态,信用是指商品买卖中的延期付款或货币的借贷。审查当事人的资信情况,可以了解当事人对于合同的履行能力和履行态度,从而慎重签订合同。

3)履行能力审查

主要审查勘察设计单位的专业业务能力。通过审查勘察设计单位的勘察设计证书确定其是否具有勘察设计资格,审查它的资质等级可以了解其业务的规格和范围。同时还应了解该勘察设计单位以往的工程业绩。只有在对当事人履约能力充分了解的基础上签订合同,才能保证合同的可靠性。

2. 签订合同的方式

根据《中华人民共和国招标投标法》第 3 条,下列工程项目的勘察、设计必须以招投标方式签订合同:

(1)大型基础设施、公用事业等关系社会公共利益、公众安全的项目;

(2)全部或者部分使用国有资金投资或者国家融资的项目;

(3)使用国际组织或外国政府贷款、援助资金的项目。

法律或者国务院对必须进行招投标的其他项目的范围有规定的,依照其规定。

•第三节　公路工程设计文件的编制要求•

一、公路工程设计的原则和依据

1. 公路工程设计的原则

公路工程设计是公路工程建设的主导环节,对公路工程建设的质量、投资效益起着决定性的作用。为保证公路工程设计的质量和水平,相关法律规定,公路工程设计必须遵循以下主要原则:

1)贯彻经济、社会发展规划及产业政策、城乡规则

经济、社会发展规划及产业政策,是国家某一时期的建设目标和指导方针,公路工程设计必须贯彻其精神。城市规划、村庄和集镇规划一经批准公布,即成为公路工程建设必须遵守的规定,公路工程设计活动也必须符合其要求。

2)综合利用资源,满足环保要求

公路工程设计中,要充分考虑矿产、水和农、林、牧、渔等资源的综合利用,要因地制宜,提高土地利用率,尽量利用荒地、劣地,不占或少占耕地。工业项目中要选用耗能少的生产工艺和设备;民用项目要采取节约能源的措施,提倡区域集中供热,重视余热利用。在公路工程设计时,还应积极改进工艺,采取行之有效的技术措施,防止粉尘、毒物、废水、废气、废渣、噪声、放射性物质及其他有害因素对环境的污染,要进行综合治理和利用,使设计符合国家环保标准。

3)遵守公路工程建设技术标准

公路工程建设中有关安全、卫生和环境保护等方面的标准都是强制性标准,工程设计时必须严格遵守。

4)采用新技术、新工艺、新材料、新设备

公路工程设计应当广泛吸收国内外先进的科研和技术成果,结合我国的国情和公路工程实际情况,积极采用新技术、新工艺、新材料、新设备,以保证工程的先进性和可靠性。

5)重视技术和经济效益的结合

采用先进的技术,可提高生产效率,增加产量,降低成本,但往往会增加建设和延长建设工期。因此,要注重技术和经济效益的结合,从总体上全面考虑工程的经济效益、社会效益和环境效益。

2. 公路工程设计的依据

公路工程建设项目可行性研究是进行公路工程设计,编制设计文件的主要依据。

勘测设计单位在勘测设计和编制设计文件之前,应认真研究该项目可行性研究报告,了解工程建设意图和有关情况,使所编制的设计文件与可行性研究报告紧密衔接。

二、设计阶段和内容

1. 设计阶段

根据《公路工程基本建设项目设计文件编制办法》的规定,设计阶段可根据工程建设项目

的复杂程度而决定。

1)一般公路工程建设项目

一般建设项目的设计采用两阶段设计,即初步设计和施工图设计。

2)小型公路工程建设项目

对于技术简单、方案明确的小型公路工程建设项目可采用一阶段设计,即一阶段施工图设计。

3)技术复杂的公路工程建设项目

技术复杂、基础资料缺乏和不足的建设项目或建设项目小的特大桥、互通式立体交叉、隧道、高速公路和一级公路的交通工程及沿线设计中的机电设备等,必要时采用三阶段设计,即初步设计、技术设计和施工图设计。

4)存在总体部署问题的建设项目

一些牵涉面广的项目,如高速公路和一级公路等,存在总体开发部署等重大问题。在进行一般设计前还应进行总体规划设计或总体设计。

2. 各设计阶段的内容与深度

1)总体设计

总体设计一般由文字说明和图纸两部分组成,其内容包括:建设规模、原料来源、工艺流程概况、主要设备配备、主要建筑物及构筑物、公用和辅助工程、“三废”治理及环境保护方案、占地面积估计、总图布置及运输方案、生活区规划、生产组织和劳动定员估计、工程进度和配合要求、投资估算等。

总体设计的深度应满足开展下述工作的要求:初步设计、主要大型设备和材料的预先安排、土地征用谈判。

2)初步设计

初步设计一般应包括以下文字说明和图纸:设计依据、设计指导思想、各类资源的用量和来源、工艺流程、主要设备选型及配置、总图运输、主要建筑物和构筑物、公用及辅助设施、新技术采用情况、主要材料用量、外部协作条件、占地面积和土地利用情况、综合利用和“三废”处理、生活区建设、抗震和人防措施、生产组织和劳动定员、各项技术经济指标、建设顺序和期限、总概算等。

初步设计的深度应满足以下要求:设计方案的比选和确定、主要设备和材料的订货、土地征用、基建投资的控制、施工图设计的编制、施工组织设计的编制、施工准备和生产准备等。

3)技术设计

技术设计的内容,由有关部门根据工程的需要自行制定。技术设计的深度应能满足确定设计方案中重大技术问题和有关试验、设备制造等方面的要求。

4)施工图设计

施工图设计,应根据已获准的初步设计进行。施工图设计的深度应能满足以下要求:设备、材料的安排和非标准设备的制作、施工图预算的编制、施工要求等。

三、设计文件的审批与修改

1. 设计文件的审批

在我国,建设项目设计文件的审批实行分级管理、分级审批的原则。《基本建设设计工作管理暂行办法》对设计文件具体审批权限规定如下：

(1)大中型建设项目的初步设计和总概算及技术设计，按隶属关系，由国务院主管部门或省、自治区、直辖市审批。

(2)小型建设项目初步设计的审批权限，由主管部门或省、自治区、直辖市自行规定。

(3)总体规划设计(或总体设计)的审批权限与初步设计的审批权限相同。

(4)各部直接代管的下放项目的初步设计，以国务院主管部门为主，会同有关省、自治区、直辖市审查或批准。

(5)施工图设计除主管部门规定要审查外，一般不再审批，设计单位要对施工图的质量负责，并向生产、施工单位进行技术交底，听取意见。

2. 设计文件的修改

设计文件是工程建设的主要依据，经批准后，就具有一定的严肃性，不得任意修改和变更，如必须修改，则须经有关部门批准，其批准权限，视修改的内容所涉及的范围而定。根据《基本建设设计工作管理暂行办法》，修改设计文件应遵守以下规定：

(1)设计文件是工程建设的主要依据，经批准后不得任意修改。

(2)凡涉及计划任务书的主要内容，如建设规模、建设地点、主要协作关系等方面的修改，须经原计划任务书审批机关批准。

(3)凡涉及初步设计的主要内容，如总平面布置、主要工艺流程、主要设备、建筑面积、建设标准、总定员、总概算等方面的修改，须经原设计审批机关批准。修改工作须由原设计单位负责进行。

(4)施工图的修改，须经原设计单位同意。

随着我国经济体制改革的深化和社会主义市场经济体制的建立，政府职能开始转化，投资主体趋向多元化，我国设计文件的审批和修改必将进一步改革，政府对设计文件的审批将侧重于规划、安全和职业卫生、环境保护等内容(属国家投资的项目，审批内容中应有投资规模)，其他内容将由建设单位自行审查。

• 第四节　中外合作设计 •

自改革开放以来，中外合作设计项目越来越多，而加入世贸组织后，我国工程建设领域将更加开放。加强外国设计机构在我国的勘察设计活动及中外合作设计活动的管理，已成为我国有关部门面临的重要问题之一，今后势必也要加强这方面的立法。目前，这方面的主要法规只有 1986 年国家计委、对外经济贸易部联合颁发的《中外合作设计工程项目暂行规定》。

一、中外合作设计工程项目的范围

中国投资或中外合资、外国贷款工程项目的设计，需要委托外国设计机构承担时，应有中国设计机构参加，进行合作设计。

中国投资的工程项目，中国设计机构能够设计的，不得委托外国设计机构承担设计，但可以引进与工程有关的部分设计技术或向外国设计机构进行技术经济咨询。

外国在中国境内投资的工程项目，原则上也应由中国设计机构承担设计；如果投资方要求由外国设计机构承担设计，应有中国设计机构参加，进行合作设计。

二、中外合作设计工程项目的审批

需要进行合作设计的工程项目（包括合作设计所需的外汇），按照项目管理权限，由主管部门或建设单位在上报项目建议书或设计任务书的同时，提出申请，经批准后方可对外开展工作。小型项目，按隶属关系由主管部门或省、自治区、直辖市计划委员会批准。大中型项目，按隶属关系由主管部门或省、自治区、直辖市提出审查意见，报国家计委审批；其中特大型项目，由国家计委组织初审，提出审核意见，报国务院批准。

三、外国设计机构的资格审查

外国设计机构的设计资格经审查合格者，方可承担中国工程项目的设计任务。外国设计机构的资格是否合格，由项目的主管部门进行审查。

审查设计资格是否合格的主要内容包括：

（1）外国设计机构所在国或地区出具的设计资格注册证书；

（2）技术水平、技术力量和技术装备状况；

（3）承担工程设计的资历和经营管理状况；

（4）社会信誉。

四、中外合作设计的合同管理

合作设计双方必须签订合作设计合同，明确双方的权利和义务。合作设计合同应包括以下内容：

（1）合作设计双方的名称、国籍、主营业场所和法定代表人的姓名、职务、国籍、住所；

（2）合作的目的、范围和期限；

（3）合作的形式，对设计内容、深度、质量和工作进度的要求；

（4）合作设计双方对设计收费的货币构成、分配方法和分配比例；

（5）合作设计双方工作联系的方法；

（6）违反合同的责任；

（7）对合同发生争议时的解决方法；

（8）合同生效的条件；

（9）合同签订的日期、地点。

在签订合作合同时，被选定为合作设计的主设计方应与项目委托方签订设计承包合同。

五、中外合作设计的其他管理

合作设计可以包括从工程项目的勘察到工程设计的全过程，也可以选择其中某一阶段进行合作。

合作设计应采用先进的、适用的标准规范，合作设计双方应互相提供拟采用的范本。

合作设计双方要进行设计条件会审，并对设计质量负责。合作设计双方按合同完成设计后，送项目委托方审查认可。

在合作设计中,外国设计机构需要的地形、地质、水文、气象、环境调查等基础资料,由项目委托方按类别向各主管部门办理审批手续,实行有偿提供。使用资料者不得向第三方转让。

在合作设计的过程中,合作设计双方应按合同要求严格履行自己的义务,如未达到合同要求,应按合同规定承担责任。

合作设计双方设计所得收入,应按中国有关税法规定纳税。

复习思考题

1. 什么是公路工程勘察?什么是公路工程设计?
2. 何谓公路工程勘察设计标准?它有哪些种类?
3. 公路工程设计的原则有哪些?
4. 中外合作设计各方所承担的责任有哪些?

第七章

公路建设监理

教学要求

1. 解释公路建设监理的概念；
2. 描述公路建设监理的发展史；
3. 描述公路建设监理的原则；
4. 描述公路建设监理工作的程序；
5. 描述公路建设监理各个阶段的工作内容；
6. 说明公路建设监理各方的关系：业主与监理、监理工程师与承包人；
7. 说明业主的权利、义务与责任；
8. 说明监理单位的权利、义务与责任；
9. 说明承包人的权利、义务与责任。

●第一节　概　　述●

一、公路建设监理的概念

公路建设监理是指监理咨询单位受项目法人的委托，依据国家批准的公路工程项目建设文件、有关公路建设的法律、法规和公路建设监理合同对公路建设实施的监督管理。

公路建设监理中，监理的对象不是工程本身，而是建设活动中有关单位的行为及其权利、义务的履行状况。公路建设监理只能由已依法取得监理资质证书，具有法人资格的监理公司、监理事务所或兼承监理业务的工程设计、科学研究及公路建设咨询等专业化监理咨询单位实施，没有依法取得相应监理资格的单位是无权实施监理的。至于具体由哪一个监理咨询单位来实施监理，则由业主（甲方）根据自己的意愿和有关规定来进行选择，并与之签订《公路建设监理合同》进行委托授权。

为维护国家利益及社会公共利益，建设行政主管部门及具授权机构也要对工程建设中的计划、规划、用地、环保、消防、安全、招投标、工程施工质量、验收、维修及建设活动主体资质认定和审查、成果质量检测和验证等整个过程和各个环节进行全面的监督管理。这些监督管理是以法律的形式予以规定的，它是政府的行政管理行为，不以建设活动主体自己的意志为转移，因此，此种监督管理的当事人不是平等的，他们的关系是执行规定与服从规定的关系，属于纵向管理的范畴，不属于工程建设监理的范围。

二、我国工程建设监理的沿革

我国工程建设的历史已有几千年，但现代意义上的工程建设监理制度的建立只是近十几年的事情。在漫长的封建社会里，民间的建设活动由请来的工匠负责，业主的监督十分薄弱，而官府的建设活动，则完全靠行政力量和刀枪棍棒进行奴役式监督。1840 年鸦片战争后，我国进入半封建半殖民地社会，一些资本主义生产方式也传入我国，工程建设活动中，设计与施工开始分离。此时的工程建设活动，除工程施工方——营造厂要派“看工”（监工员）对工程进行监督外，业主、“打样间”（建筑师事务所）、政府部门（如工部局、公董局、工务局等）也都派出“看工”对工程施工实施监督。解放后，我国实行社会主义制度，工程建设的目的和建设各方的地位发生了变化，因此，工程建设监督的方式也发生了变化。20 世纪 80 年代以前，我国工程建设的投资由国家拨付，施工任务由行政部门向自己所属的建筑企业直接下达，此时的建设单位、设计单位和施工单位都是建设任务的执行者，都对上级行政主管部门负责，相互并无相互监督的职责。因此，这一阶段的工程建设活动主要依靠各相关单位的自我监督，辅之以上级行政部门对下级单位的单向行政监督。

20 世纪 80 年代以后，我国进行了改革开放，工程建设活动逐步市场化。为适应这一变化，1983 年开始实行政府对工程质量进行监督的制度，全国各地及国务院工业、交通等各部门都成立了专业质量监督部门和各级质量检测机构，代表政府对工程建设质量进行监督和检测。我国的工程建设监督也由原来的企业自我监督和单向行政监督转变为政府专业监督。

进入 20 世纪 80 年代中期以后，我国的改革开放已扩展到各个经济领域，“三资”（借贷外资、中外合资、外商投资）工程项目逐渐增多起来。对国际金融机构向我国贷款的工程项目，均实行招标投标承发包制和监理制，外国的专业化、社会化的监理公司、咨询公司、管理公司的专家们出现在我国“三资”工程上，他们均按照国际惯例，以业主委托与授权的方式，对工程建设进行管理，显示出高速、高效的优势，这对我国传统的工程建设管理体制带来很大的冲击。

我国最早的公路工程监理实行于京津塘高速公路建设活动中。

1998 年 1 月 1 日生效的《公路法》正式确定了公路建设监理制度，进一步确定了工程监理在我国的地位，使建设监理制在我国建设领域得到迅速发展并走上了法制化轨道。

三、公路建设监理的原则

1. 依法监理的原则

自实行工程建设监理制以来，为维护正常的经济秩序和促进监理制度的健康发展，我国已颁发了不少相应法规，就监理咨询单位的设立及管理、工程建设监理的范围、工程建设监理合同、工程建设监理的收费等作了明确的规定。所有工程建设的监理活动都必须遵守这些规定，不得违反。否则，将导致监理活动无效，一旦造成巨大的经济损失，还会受到法律惩处。

2. 科学、公正的原则

建设监理咨询单位应具有健全的组织机构、完善而科学的技术、经济方法和严格规范的工作程序，由掌握丰富的专业技能和实践经验的监理人员履行其监理职责。

3. 参照国际惯例原则

在西方发达国家,建设监理有悠久的发展历史,而今已趋于成熟和完善,形成了相对稳定的体系,具有严密的法规、完善的组织机构以及规范化的方法、手段和实施程序等。国际咨询工程师联合会(FIDIC)制定的土木工程合同条款(即 FIDIC 条款),被国际建筑界普遍认可采用。这些条款总结了世界土木工程建设百余年的经验,把工程技术、管理、经济、法律各方面内容有机地、科学地结合在一起,突出监理工程师的负责制,为建设监理制的规范化和国际化起到了重要作用。建立我国的建设监理,要充分研究和借鉴国际间通行的做法和经验,吸取其有益之处,为我所用。

4. 强制监理的范围

监理是基于业主的委托才可实施的建设活动,所以,对建设工程实施监理应建立在业主自愿的基础上。但在国家投资的工程中,国家有权以业主的身份要求工程建设项目法人实施工程监理,对于外资投资建设工程及一些与社会公共利益关系重大的工程,为确保工程质量和社会公众的生命财产安全,国家也可要求其业主必须实施工程监理,即对这些工程建设活动强制实行监理。我国《建筑法》规定,实行强制监理的建筑工程的范围由国务院规定。国务院于 2000 年 1 月 30 日颁发的《建设工程质量管理条例》中规定,现阶段我国必须实行工程建设监理的工程项目范围为:

(1)国家重点建设工程;

(2)大中型公用事业工程;

(3)成片开发建设的住宅小区工程;

(4)利用外国政府或者国际组织贷款、援助资金的工程;

(5)国家规定必须实行监理的其他工程。

第二节 公路建设监理工作的程序及工作内容

一、公路建设监理工作的程序

为了加强对公路工程项目的监理工作,监理工作须有序进行,监理程序要逐步规范化和标准化,以保证工程监理的工作质量,提高监理工作水平,公路建设监理工作应遵循下列程序:

(1)编制工程建设监理规划;

(2)按工程建设进度,分专业编制工程建设监理细则;

(3)按照建设监理细则进行建设监理;

(4)参与工程竣工预验收,签署建设监理意见;

(5)建设监理业务完成后,向项目法人(业主)提交工程建设监理档案资料。

为了更好地理解监理程序,今以框图形式介绍《北京市工程项目监理工作管理规定》中对监理程序的规定。它将监理程序划分为签订监理合同阶段、招投标阶段、工程实施阶段、工程保修阶段、结束监理合同阶段。签订监理合同阶段、招投标阶段相对应的程序框图如图 7-1 和图 7-2 所示。

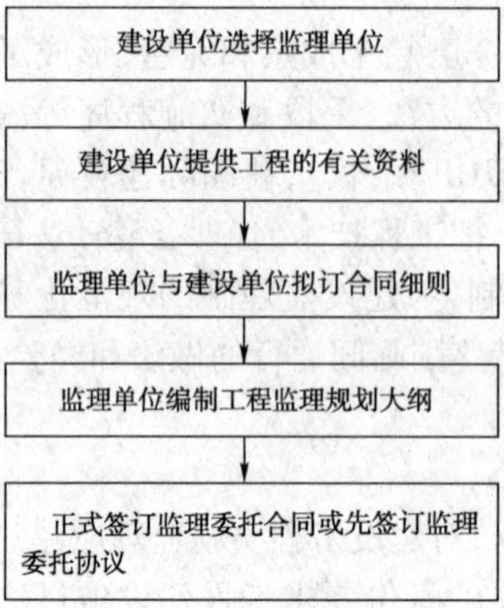

图 7-1　签订监理合同的程序

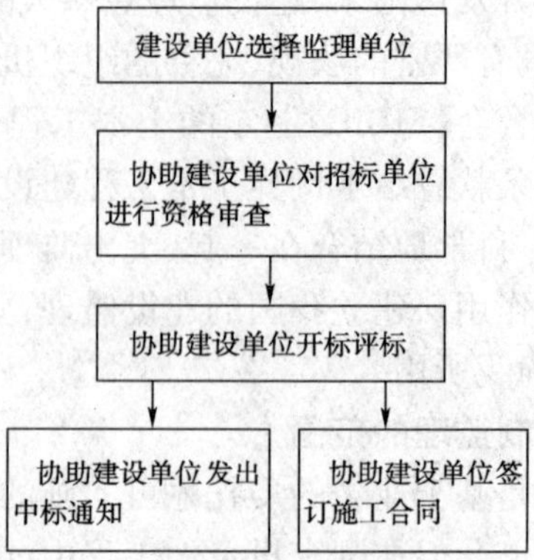

图 7-2　招投标阶段的监理咨询程序

二、公路建设监理内容

公路建设监理的总体工作内容是控制工程建设的投资、建设工期和工程质量，进行工程建设合同管理，协调有关单位的工作关系。各阶段具体工作内容如下。

1. 设计阶段监理工作内容

（1）结合项目特点，收集设计所需技术经济资料；

（2）编写设计大纲；

（3）组织方案竞赛或设计委托合同；

（4）拟订和商谈设计委托合同；

（5）向设计单位提供设计所需基础资料；

（6）配合设计开展技术经济分析，搞好设计方案的比选，优化设计；

（7）配合设计进度，组织设计与有关部门，如消防、环保、地震、人防、防汛、园林以及供水、供电、供气、电信等的协调工作；

（8）组织各设计单位之间的协调工作；

（9）参与主要设备、材料的选型；

（10）组织对设计方案的评审或咨询；

（11）审核工程估算、概算；

（12）审核主要设备、材料清单；

（13）审核施工图纸；

（14）检查和控制设计进度；

（15）组织设计文件的报批。

2. 施工招标阶段监理工作内容

（1）拟订项目招标方案并征得业主同意；

（2）办理招标申请；

（3）编写招标文件，主要内容有：工程综合说明、设计图纸及技术说明文件、工程量清单和单价表、投标须知，拟订承包合同的主要条款；

(4)编制标底,标底经业主认可后,报送所在地建设主管部门审核;

(5)组织投标;

(6)组织现场勘察,并回答投标人提出的问题;

(7)组织开标、评标及决算工作;

(8)与中标单位商谈签订承包合同。

3. 材料等物资供应的监理工作内容

对于有业主负责供应的材料、设备等物资进行监理的主要工作内容有:

(1)制订材料等物资供应计划和相应的资金需求计划。

(2)通过对质量、价格、供货期、维修服务等条件的分析和比选,确定材料、设备等物资的供应厂家。重要设备还应访问现有使用用户,并考察生产厂家的质量保证系统。

(3)拟订并商谈材料、设备的订货合同。

4. 施工阶段监理的工作内容

(1)施工阶段质量控制。从控制过程来看,它是从对投入原材料的质量控制开始,直到完成工程的质量检验的全过程的系统控制;从控制因素来看,它包括影响工程质量的5个主要方面,即对参与施工人员素质的质量控制、对工程原材料的质量控制、对所用的施工机械的质量控制、对采用的施工方法的质量控制、对生产技术、劳动和管理环境的质量控制。

(2)施工阶段进度控制。它是为确保工程项目在达到所需要的质量标准和质量等级条件下按期完成所进行的控制工作。

(3)施工阶段投资控制。

5. 合同管理

(1)拟订本项目合同体系及合同管理制度,包括合同草案的拟定、会签、协商、修改、审批、签署、保管等工作制度及流程。

(2)协助业主拟定项目的各类合同条款,并参与各类合同的商谈。

(3)合同执行情况的分析和跟踪管理。

(4)协助业主处理与项目有关的索赔事宜及合同纠纷事宜。

6. 其他委托服务

接受业主委托,承担以下技术服务:

(1)协助业主办理项目报建手续。

(2)协助业主办理项目申请供水、供电、供气、电信线路等协谈或批文。

• 第三节　公路建设监理各方的关系 •

公路建设监理活动中最主要的当事人有:业主、监理咨询单位及承包人三方。他们的权利义务是通过业主与监理咨询单位及业主与承包人之间所签订的合同来约定的。业主通过合同将自己对承包人建设活动的监督管理权委托授予了监理咨询单位。所以,承包人与监理咨询单位之间虽无直接关系,也未互签合同,但承包人必须接受监理咨询单位的监理与管理。为使各方的权利与义务基本平等,并有利于工程建设的顺利进行,国际咨询工程师联合会编制了FIDIC合同文本,建设部、国家工商局、交通部等部门也编制了《建设工程施工合同》示范文本、

《建设工程委托监理合同》示范文本和《公路工程施工监理合同》示范文本，供各有关当事人参照。这些合同文件对业主、监理咨询单位及承包人之间的工作关系作了明确的规定。

一、业主与监理咨询单位的关系

按照FIDIC合同条件实施一项工程，业主一方面要通过招标手段选择承包人，另一方面要委托具有监理资格的单位进行监理。因此，业主和监理咨询单位及其监理工程师的关系是委托和被委托的关系，这种关系通过以下两个文件予以明确：

一是在业主与承包人签订的合同文件中，详细地规定了被委托的监理工程师的权利和职责，其中包括监理工程师对业主的约束权利和监理工程师独立公正地执行合同条件的权利。这就奠定了监理工程师与业主的工作关系的基础。

另一个文件是业主与监理咨询单位签订的监理合同。这份文件主要对监理人员的数量、素质、服务范围、服务时间、服务费用以及其他有关监理人员生活方向的安排进行了详细的规定。同时，在监理服务协议中对监理工程师的权利也须予以明确，在监理协议中明确监理工程师的权利时应与施工合同中所赋予监理工程师的权利保持一致。

在监理合同中一般还要明确，业主有权向监理咨询单位提出更换不称职的监理人员或解除监理合同。这是业主对监理人员的制约手段，但是这种制约却不应影响监理工程师按照合同条款独立、公正地行使监理的权利，包括监理工程师的决定对业主有约束力的权利。业主不能认为监理工程师是他所委托的雇员而去干预监理工程师的正常工作，这是业主在处理与监理工程师的关系时应该掌握的根本原则。

二、监理工程师与承包人的关系

监理工程师与承包人都是受聘于业主，他们之间既没有任何合同，也没有任何协议。他们之间的关系在业主与承包人签订的合同条件中可以明确地体现出来。

按照合同规定，监理工程师与承包人之间是监理和被监理的关系，承包人的一切工程活动都必须得到监理工程师的批准。在涉及或关系到工程的任何事项上，无论这些事项在合同中写明与否，承包人都要严格遵守与执行监理工程师的指示，并且承包人也能从监理工程师处取得指示。承包人完成的任何工作都必须达到监理工程师满意的程度。承包人必须接受监理工程师的监督和管理。但是，监理工程师对承包人的任何监督和管理都必须符合法律（包括合同文件）和实际情况。如果承包人认为监理工程师的决定不能接受，他有权提出仲裁，通过法律手段进行解决。这是法律上对承包人的保护。

监理工程师在处理与承包人的关系上另外一个值得注意的问题是，监理工程师不能与承包人有任何经济关系，包括监理咨询单位不能与承包单位及提供设备制造和材料供应的单位发生隶属关系，也不得是这些单位的合伙经营者。监理咨询单位和监理工程师均不能经营承包施工或材料销售业务，也不得在施工单位、设备制造和材料供应的单位任职，监理工程师更不能接受承包人的礼物。这是监理工作的一个原则性的问题。

综上所述，一项工程的实施，是由各自相对独立而又相互制约的三方（业主、监理工程师、承包人）共同完成的。正确处理业主、监理工程师、承包人三者的关系，是保证工程按合同条件进行的关键。

第四节　业主的权利、义务与责任

一、业主的权利

1. FIDIC 合同条件的规定

根据 FIDIC 合同条件，业主在工程项目实施过程中，具有以下权利：

1）授予监理工程师职责的权利

监理工程师属于业主的雇员，他在合同管理中各项权利由业主授予。监理工程师的权利和职责，业主需要也必须通过合同文件赋予，这是因为只有通过业主与承包人签订的合同文件，授予监理工程师的权利和职责才能被承包人所接受。

具体赋予监理工程师哪些权利，业主应当在合同条件中进行规定。FIDIC 通用合同条件赋予了监理工程师在施工过程中各方面的权利和职责。如果业主认为 FIDIC 通用合同条件中的某些权利或职责需要进行修改，则应在专用合同条件中加以规定。

业主在与被聘的监理工程师签订的监理协议中，不应当对合同条件赋予监理工程师的权利和职责进行增减，如减少了合同条件中规定的监理工程师的权利，将使合同无法执行。

2）批准合同转让和终止合同的权利

（1）批准合同转让的权利。合同条件规定：没有得到业主的事先同意，承包人不得将合同或合同的任何部分以及任何好处或利益进行转让。这是因为业主在招标时是通过资格预审，并根据投标人的投标书进行评标之后才选定承包人的。显然，承包人将合同转让给其他承包人不符合业主选择承包人的程序和目的。因此，批准承包人将合同转让的权利在业主。

（2）终止合同的权利。终止合同也意味着重新选择承包人的问题。因此，决定合同终止的权利在业主。

3）完善或补充合同实施的权利

尽管工程的实施属于承包人的责任，但是如果出现承包人不认真履行某些合同条款，或者不遵守监理工程师指示的情况，为了避免或减少对工程的影响，为完善和保证合同实施，业主享有下列权利：

（1）如果承包人未按合同要求进行投保并保持其有效，则业主可自行代替承包人办理投保，其一切费用由承包人承担。

（2）承包人未能按照监理工程师指令在指定时间内将有缺陷的材料、工程设备及拆除的工程运出现场，则业主有权雇用他人执行监理工程师的指示，其全部费用由承包人承担。

（3）承包人未能按照监理工程师的要求在合理的时间内对应当由承包人自费修补的工程进行修补时，则业主有权雇用他人从事该项工作，其一切费用由承包人承担。

（4）对于与合同中所列暂定金额有关的任何工程的实施或任何货物、材料、工程设备或其他方面的服务，业主（或监理工程师）有权指定或批准分包商承担上述工作，但不指定或批准承包人反对的分包商。

4）提出仲裁的权利

合同条件规定，业主和承包人之间由于或起因于合同或工程施工所产生的任何争端，包括对监理工程师的任何意见、指示、决定、证书或估价方面的任何争端，如果承包人未能遵从监理工程师的决定，则业主有权提出仲裁。这是业主采用法律手段保障合同实施的措施。

仲裁可在竣工前或竣工后任何时间提出。按照国际惯例，在合同中就应当明确仲裁地点。如果合同中没有规定仲裁地点，则根据国际商会（ICC）仲裁规则，仲裁的地点将由ICC仲裁法庭选择。

2. 我国法规的规定

根据我国《建设工程委托监理合同》、《建设工程施工合同》及《公路工程施工监理合同》等示范文本的规定，业主还享有以下权利：

（1）业主有选定工程总设计单位和总承包单位，以及与其订立合同的签订权。

（2）业主有对工程规模、设计标准、规划设计、生产工艺设计和设计使用功能要求的认定权以及对工程设计变更的审批权。

（3）监理咨询单位调换总监理工程师须经业主同意。

（4）业主有权要求监理机构提交监理工作月度报告及监理业务范围内的专项报告。

（5）业主有权要求监理咨询单位更换不称职的监理人员，直到终止合同。

二、业主的义务

1. FIDIC 合同条件的规定

根据FIDIC合同条件，在工程项目实施过程中，业主有以下义务。

1）在合理的时间内提供施工场地

合同条件规定，向承包人提供场地是业主的职责。合同条件同时规定，业主向承包人提供施工场地可以在合理的时间内分期提供。所谓合理的时间内是以不影响承包人按监理工程师批准的进度计划进行施工为原则。

2）合理的时间内提供施工图纸

合同条件规定，监理工程师应根据承包人的经批准的施工进度计划，在合理的时间内向承包人提供图纸。这里所说的监理工程师提供图纸，通常是由业主准备或委托有关设计单位承担设计，然后由监理工程师向承包人提供。

3）按合同规定的时间内向承包人付款

按照合同规定，业主在收到监理工程师的中期付款证书后，应在28天内支付承包人的工程款项。在收到监理工程师的最终支付证书后，业主应在56天内向承包人支付工程款项。

4）业主在缺陷责任期内负责照管现场

合同条件规定，从工程开工日期起至颁发移交证书日期止，对工程的照管由承包人负责。但是移交证书颁发以后，对工程的照管则由业主负责。

5）协助承包人的义务

业主除了上述职责之外，还具有按照合同规定，协助承包人完成下列各项工作的义务：

（1）在承包人提交标书前，有义务向承包人提供有关辅助材料，并应协助承包人进行勘察现场工作。

（2）业主有义务协助承包人办理设备进口的海关手续。

（3）业主有义务协助承包人获得政府对承包人的设备再出口的许可。

2. 我国法规的规定

根据我国《建设工程委托监理合同》及《公路工程施工监理合同》等示范文本的规定，业主对监理咨询单位有如下义务：

（1）按合同约定，按时支付监理酬金。

（2）负责工程建设的所有外部关系的协调，为监理工作提供外部条件。

（3）在双方约定的时间内免费向监理机构提供与工程有关的并为监理机构所需要的工程资料。

（4）在约定时间内就监理咨询单位书面提出要求作出决定的一切事宜作出书面决定。

（5）应当授权一名熟悉本工程情况、能迅速作出决定的常驻代表，负责与监理咨询单位联系。

（6）应当授予监理咨询单位的监理权利，以及监理机构主要成员的职能分工，及时书面通知已选定的第三方，并在与第三方签订的合同中予以明确。

（7）业主应为监理机构提供如下协助：

①获取本工程使用的原材料、机械设备等生产厂家名录；

②提供与本工程有关的协作单位、配合单位的名录。

（8）免费向监理机构提供合同专用条件约定的设施，对监理咨询单位自备的设施给予合理的经济补偿。

（9）双方约定由业主免费向监理机构提供职员和服务人员，则应在监理合同专用条件中增加与此相应的条款。

（10）未经监理咨询单位书面同意，业主不得转让该合同约定的权利义务。

三、业主的责任

根据《建设工程委托监理合同》及《公路工程施工监理合同》等示范文本的规定，业主应对监理咨询单位承担以下责任：

（1）业主应当履行监理合同约定的义务，如有违反则应当承担违约责任，赔偿给监理咨询单位造成的经济损失。

（2）由于业主或第三方的原因使监理工作受到阻碍或延误，以致增加了工作量或持续时间，则监理咨询单位应当将此情况与可能产生的影响及时通知业主。由此增加的工作量视为附加工作，完成监理业务的时间相应延长，并应得到额外的酬金。

（3）业主如果要求监理咨询单位全部或部分暂停执行监理业务或终止监理合同，则应当在56天前通知监理咨询单位。

（4）监理咨询单位在应当获得监理报酬之日起30日内仍未收到支付单据，而业主又未对监理咨询单位提出任何书面解释时，或已暂停执行监理业务时限超过六个月的，监理咨询单位可向业主发出终止合同的通知，发出通知后14日内仍未得到业主答复，可进一步发出终止合同的通知，如果第二份通知发出后42日内仍未得到业主答复，可终止合同或自行暂停或继续暂停执行全部或部分监理业务。业主承担违约责任。

（5）监理咨询单位由于非自己的原因而暂停或终止执行监理业务，其善后工作以及恢复执行监理业务的工作，应当视为额外工作，有权得到额外的时间和酬金。

(6)如果业主在规定的支付期限内未支付监理酬金,自规定支付之日起,应当向监理咨询单位补偿应支付的酬金利息。利息额按规定支付期限最后1日银行贷款利息率乘以拖欠酬金的时间计算。

•第五节 监理咨询单位的权利、义务与责任•

一、监理咨询单位的权利

1. FIDIC 合同条件的规定

在采用 FIDIC 合同条件时,监理咨询单位除享有其与业主所签委托监理合同中所享有的权利外,还享有业主与承包人之间按 FIDIC 合同条件所签协议中所赋予监理工程师的权利。而 FIDIC 合同条件一个突出的特点,就是在合同条件中赋予了监理工程师在工程管理方面的充分权利,同时还明确监理工程师可以行使合同中规定的或者合同中隐含的权利。按照 FIDIC 合同条件的规定,不仅承包人要严格遵守与执行监理工程师的指令,而且监理工程师的决定对业主也有约束力。

监理工程师的权利主要如下。

1)质量管理方面

(1)对现场材料及设备有检查和控制的权利。对于工程需要的各种材料和设备,运到现场后监理工程师有随时检查的权利,同时对于材料及设备的制造过程也有权进行检查。经过检查后不合格的材料及设备,监理工程师不仅有权拒收,同时还有权指令承包人将这些材料、设备运出现场。对于合格的材料和设备,监理工程师有权监督承包人的存放条件,并且没有监理工程师的批准,承包人不得将其运出现场。

(2)对承包人施工的监督权利。监理工程师有权对承包人的施工过程进行监督,一旦发现承包人的施工有不符合规范之处,监理工程师有权指令承包人进行改正或停工。

(3)对已完成的工程有确认或拒收的权利。任何已完成的工程,监理工程师要根据合同标准进行验收,对于达到标准的已完成工程,监理工程师予以确认,对于未达到标准的已完成工程,监理工程师有权拒收。被监理工程师拒收的工程,承包人应按照监理工程师的指示进行修补或返工,直到监理工程师认为已达标准为止。

(4)对工程采取紧急补救的权利。无论在工程施工期间,还是在缺陷责任期内,如果在工程中或在其任何部分发生与之有关的任何事故、故障或其他事件,如果监理工程师认为进行相应补救或其他工作是工程安全的紧急需要,则监理工程师有权采取紧急措施。如承包人无能力或不愿立即进行这类工作时,则业主有权在监理工程师认为必要时,雇用他人从事该项工作。如果监理工程师认为根据合同,承包人应自费完成此项工作,则此项费用应由承包人支付。

(5)有要求解雇或撤换承包人雇员的权利。对于承包人的任何人员,包括承包人的代表,如果监理工程师认为其在履行职责中不能胜任或出现玩忽职守的行为,则监理工程师有权要求承包人予以解雇或撤换。

(6)批准分包商的权利。如果承包人要把工程的一部分分包出去,他必须向监理工程师提出申请报告,未经监理工程师批准的分包商不能进入工地进行施工。

2)进度管理方面

(1)审批承包人的进度计划。承包人的施工进度计划必须经过监理工程师的批准。监理工程师除了有审批承包人进度计划的权利之外,当监理工程师认为工程的实际进度与由他批准的计划进度不符时,有权要求承包人修订进度计划。

(2)发布停工、复工令的权利。不管是由于业主的原因,或者由于恶劣的气候,或者由于承包人自身的过失导致需要停工时,监理工程师有权发布停工令。没有监理工程师的停工指令,无论什么原因,承包人都不能随便停工。当监理工程师认为施工条件已达到合同要求时,可以发出复工令。对于已被停工的工程,没有监理工程师的复工指令,承包人不能自行复工。

(3)控制施工进度的权利。在承包人没有任何理由要求延长工期的情况下,如果监理工程师认为工程或其任何区段在任何时候的施工进度不符合竣工期限(包括已批准的延期时间)的要求,则有权要求承包人采取必要的步骤,加快工程进度,承包人无权要求为采取这些步骤支付附加费用。

3)财务管理方面

(1)有确定变更价格的权利。对任何因为工作性质、工程数量、施工时间的变更而发出的变更指令,监理工程师有权根据合同条件和实际情况确定工程变更中的费率或价格。

(2)批准使用暂定金额和计日工的权利。监理工程师认为必要时,可以发出指示,规定在计日工的基础上实施任何变更工作,暂定金额也须按监理工程师的指示才能全部或部分地使用。未经监理工程师的同意,承包人不得进行暂定金额项目的工作和使用计日工。

(3)批准承包人的付款。对承包人完成的项目和合同中规定的其他款项,如动用预付款、费用索赔款、迟付款利息等,均须由监理工程师签发证书,业主据此向承包人付款。

4)合同管理方面

(1)颁发移交证书与缺陷责任证书。当工程全部或部分区段竣工检验后,由监理工程师颁发移交证书。当全部工程缺陷维护期满,承包人也已按照合同条件修补了缺陷工程和完成了合同中规定的全部义务时,则由监理工程师颁发缺陷责任证书。

(2)批准工程延期和费用索赔。如果由于承包人自身以外的原因导致工期的延长和不属于承包人应当承担的风险和责任而造成承包人费用的增加,监理工程师可批准工程延期和由此而增加的实际费用。

(3)发布工程变更令。合同中任何部分或项目的变更,包括其性质、数量、时间的变更,必须经监理工程师批准,由监理工程师发出变更指令。没有监理工程师发出的变更指令,承包人不能对合同中任何部分进行任何修改。

(4)解释合同中有关文件。构成合同的文件应被认为是互动说明的,当文件中出现歧义或含糊时,则由监理工程师对此作出解释或校正,并向承包人发布有关解释或校正的指示。

2. 我国法规的规定

根据我国《建设工程委托监理合同》及《公路工程施工监理合同》等示范文本的规定,监理咨询单位享有如下权利。

(1)在业主委托的工程范围内,监理咨询单位应有以下监理权:

①选择工程总承包人的建议权;

②选择工程分包人的认可权；

③对工程建设有关事项包括工程规模、设计标准、规划设计、生产工艺设计和使用功能要求，向业主的建议权；

④对工程设计中的技术问题，按照安全和优化的原则，向设计人提出建议；如果拟提出的建议可能会提高工程造价，或延长工期，应当事先征得业主的同意。当发现工程设计不符合国家颁布的建设工程质量标准或设计合同约定的质量标准时，监理咨询单位应当书面报告业主并要求设计人更正；

⑤审批工程施工组织设计和技术方案，按照保质量、保工期和降低成本的原则，向承包人提出建议，并向业主提出书面报告；

⑥主持工程建设有关协作单位的组织协调，重要协调事项应当事先向业主报告；

⑦征得业主同意，监理咨询单位有权发布开工令、停工令、复工令，但应当事先向业主报告。如在紧急情况下未能事先报告时，则应在24小时内向业主作出书面报告；

⑧工程上使用的材料和施工质量的检验权。对于不符合设计要求和合同约定及国家质量标准的材料、构配件、设备，有权通知承包人停止使用；对于不符合规范和质量标准的工序、分部分项工程和不安全施工作业，有权通知承包人停工整改、返工，对停工整改工程承包人得到监理机构复工令后才能复工；

⑨工程施工进度的检查、监督权，以及工程实际竣工日期提前或超过工程施工合同规定的竣工期限的签认权；

⑩在工程施工合同约定的工程价格范围内，工程款支付的审核和签认权，以及工程结算的复核确认权与否决权。未经总监理工程师签字确认，业主不支付工程款。选择工程总设计单位和施工总承包单位的建议权。

(2)监理咨询单位在业主授权下，可对任何承包人合同规定的义务提出变更。如果由此严重影响了工程费用或质量、或进度，则这种变更须经业主事先批准。在紧急情况下未能事先报业主批准时，监理咨询单位所做的变更也应尽快通知业主。在监理过程中如发现工程承包人人员工作不力，监理机构可要求承包人调换有关人员。

(3)在委托工程范围内的调解与作证权。在委托的工程范围内，业主或承包人对对方的任何意见和要求(包括索赔要求)，均必须首先向监理机构提出，由监理机构研究处置意见，再同双方协商确定。当业主和承包人发生争议时，监理机构应根据自己的职能，以独立的身份判断，公正地进行调解。当双方的争议由政府建设行政主管部门调解或仲裁机关仲裁时，应当提供作证的事实材料。

二、监理咨询单位的义务

(1)根据FIDIC合同条款，监理工程师在工程监理中应承担的义务如下：

①认真执行合同文件，遵守法律规定的义务。监理工程师认真执行合同文件是其根本职责，根据FIDIC合同条件的规定，监理工程师的决定对业主和承包人双方均有约束力。但是监理工程师的任何指示、决定都必须符合法律(包括合同条件)的要求。监理工程师的任何决定，既受法律的保护，又受法律的约束。

②监理工程师是工程项目管理的核心，他具有随时协调施工有关事宜的职责，包括合同方

面的管理、工程质量及技术问题的处理、工程款项的管理等。

对于业主，监理工程师应当经常及时地把工程情况以及监理工程师的一些决定进行通报，重大问题在决策前应当征得业主的同意，争取业主的支持。

对于承包人，监理工程师应当予以充分的尊重，不得干预理应由承包人项目经理处理的事项。

另外，无论是对待业主或承包人，监理工程师都应秉公办事，行为公正，要公开自己作出决定、指令的原因。

③回避义务。监理工程师应当保持廉洁，不得接受业主所支付酬金以外的报酬以及任何回报、提成津贴或其他间接报酬，更不得与承包人有任何经济往来，包括接受承包人的礼物，经营或参与经营施工、设备及材料采购等活动，也不得在施工单位或设备材料供应单位任职或兼职。

(2)根据《建设工程委托监理合同》及《公路工程施工监理合同》等示范文本，监理咨询单位应承担的义务如下：

①监理咨询单位按合同约定派出监理工作需要的监理机构及监理人员，向业主报送委派的总监理工程师及其监理机构主要成员名单、监理规划，完成监理合同专用条件中约定的监理工程范围内的监理业务。在履行合同义务期间，应按合同约定定期向业主报告监理工作。

②监理咨询单位在履行本合同的义务期间，应认真、勤奋地工作，为业主提供与其水平相适应的咨询意见，公正维护各方面的合法权益。

③监理咨询单位使用业主提供的设施和物品属业主的财产。在监理工作完成或中止时，应将其设施和剩余的物品按合同约定的时间和方式移交给业主。

④在合同期内或合同终止后，未征得有关方同意，不得泄露与本工程、本合同业务有关的保密资料。

三、监理咨询单位的责任

根据我国《建设工程委托监理合同》及《公路工程施工监理合同》等示范文本，监理咨询单位的责任如下：

(1)监理咨询单位的责任期即委托监理合同有效期。在监理过程中，如果因工程建设进度的推迟或延误而超过书面约定的日期，双方应进一步约定相应延长的合同期。

(2)监理咨询单位在责任期内，应当履行约定的义务，如果因监理咨询单位过失而造成了业主的经济损失，应当向业主赔偿。累计赔偿总额不应超过监理报酬总额(除去税金)。

(3)监理咨询单位对承包人违反合同规定的质量要求和完工(交图、交货)时限，不承担责任。因不可抗力导致委托监理合同不能全部或部分履行，监理咨询单位不承担责任。

(4)监理咨询单位向业主提出赔偿要求不能成立时，监理咨询单位应当补偿由于该索赔所导致业主的各种费用支出。

四、监理咨询单位的报酬

根据我国《建设工程委托监理合同》及《公路工程施工监理合同》等示范文本，监理咨询单位的报酬如下：

（1）正常的监理工作、附加工作和额外工作的报酬，按照监理合同专用条件中第40条的方法计算，并按约定的时间和数额支付。

（2）如果业主在规定的支付期限内未支付监理报酬，自规定之日起，还应向监理咨询单位支付滞纳金。滞纳金从规定支付期限最后1日起计算。

（3）支付监理报酬所采取的货币币种、汇率由合同专用条件约定。

（4）如果业主对监理咨询单位提交的支付通知中报酬或部分报酬项目提出异议，应当在收到支付通知书24小时内向监理咨询单位发出表示异议的通知，但业主不得拖延其他无异议报酬项目的支付。

五、监理咨询单位的其他规定

（1）委托的建设工程监理所必要的监理人员出外考察、材料设备复试，其费用支出经业主同意的，在预算范围内向业主实报实销。

（2）在监理业务范围内，如需聘用专家咨询或协助，由监理咨询单位聘用的，其费用由监理咨询单位承担；由业主聘用的，其费用由业主承担。

（3）监理咨询单位在监理工作过程中提出的合理化建议，使业主得到了经济效益，业主应按专用条件中的约定给予经济奖励。

（4）监理咨询单位驻地监理机构及其职员不得接受监理工程项目施工承包人的任何报酬或者经济利益，监理咨询单位不得参与可能与合同规定的与业主的利益相冲突的任何活动。

（5）监理咨询单位在监理过程中，不得泄露业主申明的秘密，监理咨询单位亦不得泄露设计人、承包人等提供并申明的秘密。

（6）监理咨询单位对于由其编制的所有文件拥有版权，业主仅有权为本工程使用或复制此类文件。

•第六节　承包人的权利、义务与责任•

一、承包人的权利

根据FIDIC合同条件，承包人享有以下列权利：

1. 拒绝接受指定分包人权

如果承包人认为指定的分包商不能与他很好地合作，承包人有权拒绝接受这个分包商。

当承包人拒绝与指定分包商签订分包合同时，监理工程师应当考虑承包人的上述权利，或者指定另一位分包商，或者修改分包合同，或者采取发布变更令的方式去完成分包部分的工作。

2. 提出索赔权

由于承包人自身以外的原因造成工程费用的增加或工期的延误，承包人有权提出费用索赔和工期索赔。业主或监理工程师不应以任何理由或手段反对或者阻拦承包人行使提出费用和工期索赔的权利。

但是，监理工程师可以按照合同的规定拒绝（或批准）承包人的任何索赔申请，这是问题的另一个方面。

3. 终止受雇和暂停工作权

如果发生业主严重违约事件，承包人有权提出终止受雇。

4. 提出仲裁权

FIDIC 合同条件规定，承包人如果对监理工程师的任何决定感到不公正、不满意，或者业主未能遵从监理工程师的决定时，承包人均有权提出仲裁。这是合同条件通过法律手段对承包人利益的保护。

二、承包人的义务

1. FIDIC 合同条件的规定

根据 FIDIC 合同条件，承包人在按合同的规定完成所承包的工程时，应承担以下义务。

1）按规定工期完工的义务

所谓规定工期是指合同工期加上由监理工程师批准的延期时间。承包人超出了规定的工期，将按合同的规定处以罚金。为了能够在合同规定的时间内完成工程，承包人有义务接受监理工程师对施工进度的监督，并须按监理工程师的意见随时对施工进度计划进行修订。

2）对工程的质量负责的义务

承包人对各项工程的质量负全部责任。尽管在施工过程中和竣工验收时，工程质量经过了监理工程师的各项检验，但并不能解除承包人对工程质量的任何责任，直到颁发缺陷责任证书为止。

3）照管现场、保证安全的义务

承包人在工程的施工阶段，有责任保护施工现场人员和工程的安全，有义务提供对现场照管的各种条件，包括一切照明、防护、围栏及看守，并应避免由其施工方法引起的污染，直到颁发移交证书为止。

颁发移交证书后，现场的安全和照管由业主负责。但承包人剩余的工作和对缺陷工程修补的施工现场的安全和照管仍由承包人负责。

4）清理现场的义务

在施工阶段，承包人随时都应对现场进行清理，保证施工井然有序。

在颁发移交证书时（部分或全部的移交证书），承包人应对移交证书所涉及那部分工程的现场进行清理，包括运出承包人的全部设备、多余的材料、垃圾和各种临时工程，以保持该部分现场和工程清洁整齐，并使原施工用地恢复原貌，达到监理工程师满意的状态。

5）保护坐标点和水准点的义务

承包人除了对由监理工程师书面给定的原始坐标点和水准点进行准确的放线外，还有对上述各类的地面桩进行仔细保护的义务。由于对地面桩保护的不当而引起的任何差错应由承包人负责。

6）执行监理工程师指令的义务

承包人的一切工程活动，包括施工计划、工艺、施工过程的操作、材料和已完工程的确认都应得到监理工程师的批准。承包人应当充分地认识到监理工程师的指令是合同文件的一部分。因此，未经监理工程师批准的任何工程活动都是违约的行为。在涉及或关系到该项工程的任何事项上，无论这些事项在合同中写明与否，承包人都要严格执行监理工程师的指示，而且只从监理工程师处取得指示。包括业主在内的任何其他人都不能直接向承包人下达关于上述方面的指示。承包人应当而且有权拒绝接受监理工程师以外的任何方面关于涉及工程任何事项的指示。

7）遵守国家、地区成文的法令、法规的义务

承包人在与工程有关的一切活动中均应遵守下列规定：

（1）承包人在进行工程的施工、竣工及修补其任何缺陷时应遵守国家和地方的有关法规、法令或其他法律；

（2）应遵守其财产或权利受到或可能受到该工程以任何方式影响的公共团体和公司的规章制度。

由于遵守国家、地区的法令、法律而导致费用增加，由承包人自己承担，承包人有义务保证业主不需承担由于工程施工活动违法、违规而带来的罚款和其他责任。

2. 我国法规的规定

根据《工程建设施工合同》及《公路工程施工监理合同》等示范文本，承包人（乙方）有如下主要义务：

（1）在其设计资格证书允许的范围内，按甲方（业主）代表的要求完成施工图设计或与工程配套的设计，经甲方（业主）代表批准后使用。

（2）向甲方代表提供年、季、月工程进度计划及相应进度统计报表和工程事故报告。

（3）按工程需要提供和维修非夜间施工使用的照明、看守、围栏和警卫等。如承包人未履行上述义务造成工程事故、财产和人身伤害，由承包人承担责任及所发生的费用。

（4）按协议条款约定的数量和要求，向甲方代表提供在施工现场办公和生活的房屋及设施，发生的费用由业主承担。

（5）遵守地方政府和有关部门对施工场地交通和施工噪声等管理规定，经业主同意后负责办理有关手续（业主承担由此发生的费用），并承担自身责任造成的罚款。

（6）已竣工工程未交付业主之前，承包人按协议条款约定负责已完工程的成品保护工作，保护期间发生损坏，承包人自费予以修复。

（7）按合同的要求做好施工现场地下管线和临近建筑物、构筑物的保护工作。

（8）保证施工现场的清洁符合有关规定。交工前清理现场，达到合同文件的要求，承担因违反有关规定造成的损失和罚款（合同签订后颁发的规定和非承包人原因造成的损失和罚款除外）。

3. 承包人的责任

根据《工程建设施工合同》及《公路工程施工监理合同》等示范文本，承包人应承担的主要责任有：

（1）承包人不能按合同工期竣工，施工质量达不到设计和规范的要求，或发生其他使合同无法履行的行为，甲方代表可通知承包人按协议条款约定支付违约金，赔偿因其违约给业主造成的损失。

（2）承包人根据协议条款约定，按照设计和规范的要求采购工程需要的材料设备，并提供产品的合格证明。在材料设备到货 24 小时前通知业主代表验收。对与设计和规范要求不符

的产品,甲方代表拒绝验收,由承包人按甲方代表要求的时间运出施工现场,重新采购符合要求的产品,承担由此发生的费用,工期不予顺延。业主未能按时到现场验收,事后验收发现材料、设备不符合规范和设计要求,仍由承包人修复或拆除及重新采购,并承担发生的费用,赔偿业主的损失。

根据工程需要,经甲方代表批准,承包人可使用代用材料。如因承包人原因使用,由承包人承担发生的费用。

(3)工程分包后,不能解除承包人责任,承包人应在分包出去的工程现场派驻相应的监督管理人员,以保证合同的履行。分包单位的任何违约或疏忽,均视为承包人的违约或疏忽,并承担相应责任。

(4)工程竣工交付使用后,承包人在国家规定和合同约定的范围内,对该工程承担保修责任并按约定支付保修金。

复习思考题

1. 什么是公路工程建设监理？它与政府对公路工程建设的监督管理有何不同？

2. 公路工程建设监理的原则是什么？

3. 在实行监理的工程中,业主、承包人、监理咨询单位之间的关系如何认定？

4. 根据 FIDIC 合同条件,在工程项目实施过程中,业主应承担哪些义务？

5. 根据 FIDIC 合同条件,在工程项目实施过程中,监理工程师应具有哪些权利？他应承担的义务是什么？

第八章 公路建设安全生产管理

教学要求

1. 解释公路建设安全生产的概念；
2. 描述公路建设安全生产管理机构与职责；
3. 描述公路建设安全生产的相关制度；
4. 描述公路工程安全保障制度及重大事故调查处理制度。

第一节 概 述

一、公路建设安全生产概念

工程建设安全生产是指建筑生产过程中要避免人员、财产的损失及对周围环境的破坏。它包括建筑生产过程中施工现场的人身安全，财产设备安全，施工现场及附近的道路、管线和房屋的安全，施工现场和周围的环境保护及工程建成后的使用安全等方面的内容。生产与安全既是相互促进，又是相互制约的统一体。安全生产管理，要坚持安全第一、预防为主的方针。保证安全会增加生产成本，加大生产难度，但安全得到保证以后又会促进生产，增长效益。

公路工程施工的特点是线长面广，人员流动量大，而且露天作业、高空作业较多，施工条件较差，不安全因素较多，这些因素还随工程的进展而不断变化，因而生产规律性差，事故隐患多。随着公路基本建设速度的加快，公路建设生产安全事故也呈增长趋势，安全生产形势十分严峻。

根据调查分析，生产过程中人的不安全行为是造成安全事故的最主要原因，也是最直接的原因。因此，建立完善的安全生产制度，加强对建筑生产活动的监督管理，是避免建筑生产事故，保护人身财产安全的最基本保证。

二、公路建设安全生产的管理机构与职责

根据国务院《建设工程安全生产管理条例》第40条规定，"国务院铁路、交通、水利等有关部门按照国务院规定的职责分工，负责有关专业建设工程安全生产的监督管理。"因此交通部是全国公路建设安全生产的监督管理者，县级以上地方人民政府交通主管部门负责地方公路建设安全生产的监督管理。

第二节 公路建设安全生产的相关制度

一、公路建设安全生产的责任

1. 公路建设企业要加强安全生产的领导，逐级建立安全责任制度

企业经理和主管生产的副经理是本企业的劳动保护和安全生产工作的总负责人。其责任是：认真贯彻执行劳动保护和安全生产政策、法规和规章制度；定期向企业职代会报告企业安全生产情况和措施；制订企业各级干部的安全责任制等制度；定期研究解决安全生产中的问题；组织审批安全技术措施计划并贯彻实施；定期组织安全检查和开展安全竞赛活动；对职工进行安全和遵章守纪教育；督促各级领导干部和各职能单位的职工做好本职范围内的安全工作；总结与推广安全生产先进经验；主持重大伤亡事故的调查分析，提出处理意见和改进措施，并督促实施。

企业总工程师（技术负责人）是本企业劳动保护和安全生产的技术工作的总负责人。

项目经理、施工队长、车间主任应对本单位劳动保护和安全生产工作负具体领导责任。

工长、施工员对所管工程的安全生产工作负直接责任。

企业中的生产、技术、材料供应等各职能机构，都应在各自业务范围内，对实现安全生产的要求负责。

2. 专职人员责任制度

企业应根据实际情况，建立安全机构，并按照职工总数配备相应的专职人员（一般为2‰～5‰），负责安全管理工作和安全监督检查工作。其主要的职责是：

（1）贯彻执行有关安全技术劳动保护法规。

（2）做好安全生产的宣传教育和管理工作，总结交流推广先进经验。

（3）经常深入基层，指导下级安全技术人员的工作，掌握安全生产情况，调查研究生产中的不安全因素，提出改进意见和措施。

（4）组织安全活动和定期安全检查。

（5）参加审查施工组织设计（施工方案）和编制安全技术措施计划，并对贯彻执行情况进行督促检查。

（6）与有关部门共同做好新工种、特殊工种工人的安全技术训练、考核、发证工作。

（7）进行工伤事故的统计、分析和报告，参加工伤事故的调查和处理。

（8）禁止违章指挥和违章作业，遇有严重险情，有权暂停生产，并报告上级处理。

二、公路建设安全生产的教育制度

要广泛开展安全的宣传教育，使各级领导和广大职工群众真正认识到安全生产的重要性、必要性，懂得安全生产、文明生产的科学知识，牢固树立安全第一、预防为主的思想，自觉地遵守各项安全生产法规和规章制度。

企业要建立经常性的安全教育和培训考核制度，具体包括：

（1）新工人（包括合同工、临时工、学徒工、实习和代培人员）必须进行入厂（公司）安全教育。教育内容包括:安全技术知识、设备性能、操作规程、安全制度和严禁事项,并经考试合格后,方可进入操作岗位。

(2)电工、焊工、架子工、司炉工、爆破工、机械工及起重机、打桩机等各种机动车辆司机等特殊工种工人,除进行一般安全教育外,还要经过本工种的安全技术教育,经考核合格发证后,方可获准独立操作,每年要进行一次复查。

(3)采用新技术、新工艺、新设备施工和调换工作岗位时,要对操作人员进行新技术操作和新岗位的安全教育,未经教育不得上岗操作。

(4)定期轮训企业各级领导干部和安全干部,使其提高政策与思想水平,熟悉安全技术和劳动卫生业务知识,做好安全工作。

(5)加强对公路建设队伍中农民工的管理,严格用工制度,严明纪律,关键岗位先培训后上岗。

三、公路建设安全生产的检查、监督制度

企业除应经常进行安全生产检查外,还要组织定期检查、监督。企业每季度、工区每个月、施工队每半个月组织一次检查。检查要发动群众,要有领导干部、技术干部和工人参加,边检查,边整改。

每次检查要有重点、有标准,要评比记分,列入本单位考核内容。

检查以自查为主,互查为辅。以查思想、查制度、查领导、查隐患为主要内容。要结合季节特点,对容易发生高处坠落、坍塌、触电、爆炸等伤害的关键工序重点检查。从发生安全事故的统计情况看,县乡公路上的桥梁施工安全是薄弱环节,应作重点专项检查。

对查出的隐患不能立即整改的,要建立登记、整改、检查、销项制度。要制订整改计划,定人、定措施、定经费、定完成日期。在隐患没有消除前,必须采取可靠的防护措施,如有危及人身安全的紧急险情,应立即停止作业。

安全生产监督机构根据同级人民政府公路建设行政主管部门的委托,依据有关的法规、标准,对本行政区域内安全生产实施监督管理。

四、工程建设安全生产的劳动保护制度

1.工程建设的劳动保护

必须切实加强管理,保证职工在生产过程中的安全和健康,促进生产的发展。企业要努力改善劳动条件,注意劳逸结合,制订以防止工伤事故、职工中毒和职业病为内容的安全技术措施年度计划和长远规划,并组织实施。

要加强季节性劳动保护工作。夏季要防暑降温;冬季要防寒防冻,防止煤气中毒;雨季和台风来临之前,应对临时设施和电气设备进行检修,沿河流域的工地要做好防洪抢险准备;雨雪过后要采取防滑措施。

建筑施工企业在施工过程中,应遵守有关安全生产法律、法规和建筑行业安全规章、规程。法定代表人、项目经理、生产管理人员和工程技术人员不得违章指挥,强令作业人员违章作业,如因违章指挥、强令职工冒险作业而发生重大伤亡事故或造成其他严重后果的,要依法追究其刑事责任。作业人员有权对影响人身健康的作业程序和作业条件提出改进意见,有权获得安

全生产所需的防护用品。作业人员对危及生命安全和人身健康的行为有权提出批评、检举和控告。

《建筑法》还规定:“建筑施工企业必须为从事危险作业的职工办理意外伤害保险,支付保险费。”这就是说,只要是从事危险作业的人员,不论是固定工,还是合同工,不论是正式工,还是农民工,其所在的建筑施工企业都必须为其办理意外伤害保险,并支付保险费。这种保险是强制性的,它从法律上保障了职工的意外伤害经济补偿权利。

2. 女职工和未成年工的特殊保护

根据女职工的不同生理特点和未成年工的身体发育情况,有必要对其进行特殊保护。禁止安排女职工从事矿山井下、国家规定的第四级体力劳动强度的劳动。对于怀孕在7个月以上的女职工,不得延长其工作时间和夜班劳动。女职工生育享受不少于90天的产假。不得安排女职工在哺乳未满一周岁的婴儿期间从事国家规定的第三级体力劳动强度的劳动和哺乳期间禁忌从事的其他劳动,不得安排其延长工作时间和夜班劳动。

我国法律严禁雇用未满16周岁的童工,对于已满16周岁但尚未成年的职工,不得安排其从事矿山井下、有毒有害、国家规定的第四级体力劳动强度的劳动和其他禁忌从事的劳动。用人单位应当对未成年工定期进行健康检查。

●第三节 公路工程安全保障制度及重大事故调查处理制度●

保证建设过程中的施工现场安全及工程建成后的使用安全,也是工程建设安全生产的重要内容。我国有关法规对此也作了明确规定。

一、工程安全保障制度

《建筑法》规定:“建筑工程设计应当符合按照国家规定制定的建筑安全规程和技术规范,保证工程的安全性能。”如因未按安全标准进行设计,依情节轻重,将受到没收非法所得、罚款、停业整顿、降低资质等级、吊销资质证书、经济赔偿等处罚,构成犯罪的,将依法追究刑事责任。

公路建设过程中如果出现变更设计,建设单位必须委托设计单位重新设计,并经公路建设主管部门同意。否则,将被罚款,并承担经济赔偿责任甚至刑事责任。

公路工程施工过程中,也需要一定的技术和安全保障条件,否则也会发生重大安全事故,为此,必须由具备保证安全条件的建设施工单位承担,并由其负责人对安全负责。

二、工程施工现场的安全保障

1. 施工现场的安全管理

施工现场是建筑企业进行建筑生产的基地。杂乱的施工条件,快速的人、机流,开敞的施工环境,“扰民”和“民扰”同时存在,这一切使得生产过程中的不安全因素极多。因此施工现场的安全管理也是建筑安全生产中最为重要的环节。为此,《建筑法》规定:“建筑施工企业在编制施工组织设计时,应当根据建筑工程的特点制定相应的安全技术措施;对专业性较强的工程项目,应当编制专项安全施工组织设计,并采取安全技术措施。”还规定,“建筑施工企业应当在施工现场采取维护安全、防范危险、预防火灾等措施;有条件的,应当对施工现场实行封闭管理。"如路面施工用沥青库(站)要备有消防设备和器材,库(站)内严禁烟火,并有专职人员负责安全消防工作。

2. 施工现场周边环境的安全管理

公路建设施工多为露天作业、高处作业,常常需进行深基坑开挖及爆破作业。因此对周围环境,特别是毗邻的建筑物、构筑物及地下管线的安全可能造成损害,建设单位与建筑施工企业有义务、也有责任采取相应的安全防护措施,以保证周边环境的安全。《建筑法》规定:"建设单位应当向建筑施工企业提供与施工现场相关的地下管线资料,建筑施工企业应当采取措施加以防护。"当可能损坏道路、管线、电力、邮电通信等公共设施时,建设单位必须按有关规定事先办理申请批准手续。"建筑施工企业应当遵守有关环境保护和安全生产方面的法律、法规的规定,采取控制和处理施工现场的各种粉尘、废气、废水、固体废物以及噪声、振动对环境的污染和危害的措施。"当工程施工需要临时停水、停电、中断道路交通及需要进行爆破作业的,必须先行申请,经有关部门批准后方可实行,以保障人民的正常生活及生命财产的安全。

3. 设置标志

根据《公路法》第32条规定:"改建公路时,施工单位应当在施工路段两端设置明显的施工标志、安全标志。需要车辆绕行的,应当在绕行路口设置标志;不能绕行的,必须修建临时道路,保证车辆和行人通行。"

三、工程建设重大事故的调查处理制度

1. 工程建设重大事故的概念

工程建设重大事故,是指在工程建设过程中由于责任过失造成工程倒塌或报废、机械设备毁坏和由于安全设施失当造成人身伤亡或者重大经济损失的事故。

重大事故分为四个等级:

(1)具备下列条件之一者为一级重大事故:

①死亡30人以上。

②直接经济损失300万以上。

(2)具备下列条件之一者为二级重大事故:

①死亡10人以上。

②直接经济损失100万元以上,不满300万元。

(3)具备下列条件之一为三级重大事故:

①死亡3人以上,9人以下。

②重伤20人以上。

③直接经济损失30万元以上,不满100万元。

(4)具备下列条件之一者为四级重大事故:

①死亡2人以下。

②重伤3人以上,19人以下。

③直接经济损失10万元以上,不满30万元。

2. 公路工程建设重大事故的处理

交通部负责管理全国公路工程建设重大事故的处理；省、自治区、直辖市公路建设行政主管部门负责管理本辖区内的公路工程建设重大事故的处理；交通部管理所属单位的工程建设重大事故的处理。

重大事故发生后，事故发生单位必须以最快方式，将事故的简要情况向上级主管部门和事故发生地的市、县级公路建设行政主管部门及监察、劳动（如有人身伤亡）部门报告。事故发生单位属于国务院部委的，应同时向国务院有关主管部门报告。市、县级公路建设行政主管部门接到报告后，应当立即向当地人民政府和省、自治区、直辖市公路建设行政主管部门报告。省、自治区、直辖市公路建设行政主管部门接到报告后，应当立即向省、自治区、直辖市人民政府和交通部报告。

重大事故发生后，事故发生单位应当在 24 小时内写出书面报告，按上述程序和部门逐级上报。同时，事故发生单位和事故发生地的公路建设行政主管部门，应当严格保护事故现场，采取有效措施抢救人员和财产，防止事故扩大。

重大事故的调查由事故发生地的市、县级以上公路建设行政主管部门或国务院有关主管部门组成调查组负责进行。调查组由公路建设行政主管部门、事故发生单位的主管部门和劳动等有关部门的人员组成，并应邀请人民检察机关和工会指派的人员参加。必要时，调查组可以聘请有关方面的专家协助进行技术鉴定、事故分析和财产损失的评估工作。

重大事故调查组的职责是：

(1)组织技术鉴定。

(2)查明事故发生的原因、过程，人员伤亡及财产损失情况。

(3)查明事故的性质、责任单位和主要责任者。

(4)提出事故处理意见及防止类似事故再次发生所应采取措施的建议。

(5)提出对事故责任者的处理建议。

(6)写出事故调查报告。

调查组在调查工作结束后 10 日内，应当将调查报告送批准组成调查组的人民政府和公路建设行政主管部门以及调查组其他成员所属部门。经组织调查的部门同意，调查工作即告结束。

重大事故处理完毕后，事故发生单位应当尽快写出详细的事故处理报告，并逐级上报。

此外，工程建设重大事故中属于特别重大事故者，其报告和调查程序应按国务院发布的《特别重大事故调查程序暂行规定》及有关规定执行。

复习思考题

1. 工程建设安全生产包含哪些内容？

2. 公路建设安全生产责任是如何规定的？

3. 企业的安全教育和培训考核制度都包括哪些内容？

4. 施工现场的安全管理工作有哪些内容？

5. 何谓工程建设重大事故？工程建设重大事故发生后的处理程序是如何规定的？

第九章

公路工程费用管理

教学要求

1. 解释公路工程费用的概念；
2. 描述工程费用管理的原则与方法；
3. 解释工程费用管理的职责与权限；
4. 解释工程量清单的概念，说明投标报价的内容和计算程序；
5. 描述工程计量的必要性和依据；
6. 描述工程计量的职责与权限；
7. 描述计量管理及程序；
8. 描述计量的原则与方法；
9. 说明支付的职责与权限；
10. 描述支付的分工与管理；
11. 描述支付的种类和程序；
12. 描述支付证书和支付表格。

●第一节 概 述●

一、公路工程费用的概念

工程费用是工程造价的组成部分，指施工生产活动的各种耗费或支出而形成的建筑工程费和安装工程费的总和，也称建筑安装工程费。它是工程项目造价的主要组成部分和基础，一般约占总造价的60%～80%。

建筑工程费即通常所说的土建工程费，在公路工程中，它一般包括路基、路面、交叉、桥梁、隧道、排水设施、防护设施、房屋、绿化等工程的费用。安装工程费，即为使项目正常运作，除土建工程以外的设备、工具、器具及办公、生活家具的安装费。在公路工程中，安装工程费指为保障公路系统的正常使用所需的——收费系统设施、通信系统设施、监控系统设施、信息系统设施及服务系统设施的建设费用。

工程费用由以下几部分组成：

(1)直接工程费：指直接构成建设项目实体的有助于工程形成的各项费用，包括直接费、其他直接费及现场经费。

(2)间接费：指现场以外为项目提供服务管理的费用，含企业管理费(含上级管理费)和财务费用两部分。

(3)施工技术装备费:指为施工企业逐步扩大施工技术装备的费用。

(4)计划利润:按照国家有关规定的施工企业应取得的利润。

(5)税金:又称综合税金额,指按照国家规定应计入建筑安装工程造价内的营业税、城市建设维护税及教育附加税。

二、工程费用的特点

工程商品本身及其建造过程同其他商品相比,有很多的不同点,认识、理解这些普遍特点,再针对不同工程项目的具体情况,设计合适的项目管理体制、制度,或自觉地执行既定的体制、制度,对搞好建设工作至关重要。

1. 工程商品及生产的特点

1)不同工程商品的相异性

与其他很多商品不同,工程商品是在不同的地点、环境建造的不同构造物,每次建造都面临不同的要求和情况,最终产品是不同的。因此,工程商品只能每次单独设计、生产,不能整体批量制作。

2)存在和生产的露天性

建造生产的产品最终是露天的,无论是房屋建筑,还是公路、桥梁,都是如此。也就是说,建筑产品必然经受环境的考验,受到环境的影响制约,它也对环境产生影响,建筑生产必须能适应、利用当地、当时的环境。

3)生产周期长

建筑生产通常按月计工作进度,比较大多数产品,其生产周期是很长的。公路、桥梁建设的工期更长,如成渝高等级公路从1988年开工至1995年经过8年的时间竣工,南昌大桥历经36个月竣工,近年随施工水平、建设要求的提高,建设周期略有缩短。

2. 工程费用及支付的特点

上述工程商品的特点,决定着其费用及支付有着自身的特点。

1)建筑生产的单价性

由于每个建筑产品都是需要单独制作的,因而其定价都是按次论价,半成品、成品的价格是按单位或分项工程量来定价,称为单价或费率。

2)工程费用数量大

建筑工程量大,资金使用量必然大,尤其交通基础设施建设更是如此。例如长340 km的成渝高等级公路耗资近40亿元,每公里造价近1176万元。资金使用量大正是交通瓶颈难以迅速消除的重要原因。

3)期货价格

工程商品资金量大的特点,决定了它不可能作为现货出售,而是一种期货商品,必须预先定价。如作概预算、签订合同价格等,工程技术和管理技术的不断进步为此提供了可能。

4)分期分阶段支付,支付时间长

工期长,资金量大,决定了工程商品的生产过程与支付过程一样,即边生产边支付,同很多商品的"一手交钱一手交货"是不同的。

三、FIDIC 费用管理的特点

采用 FIDIC 合同条件进行工程管理的项目体制，其费用管理也具有不同的特点。其突出表现在项目管理中加入了监理工程师这个中介，并且，监理工程师作为工程项目的调控中心，在费用方面具有支付额调整、签认的权力。

1. 承包人申请、使用

工程商品是承包人卖给业主的产品，其耗费即工程费用也主要由承包人使用，每次支付都是由承包人向监理工程师提出申请。只有当承包人被驱逐，并且剩余工程由业主直接完成时，工程费用才由业主自己使用，但这种情况少见，往往是业主驱逐了承包人之后，再招请另外的承包人来完成工程。

2. 监理工程师签认

监理工程师在施工活动中按合同文件对承包人进行的施工活动作出价值计算，对其工作价值进行签认和证实，对施工过程中发生的其他各种意外情况进行记录和分析，并就承包人所遭受的损失作出估算和证实。这就是监理工程师的所谓“支付权”，它是监理工程师完成监理工作的最终、最重要的调控手段。

3. 业主支付

业主在承包人完成了既定施工任务，达到合同的要求，经监理工程师确认其价值后，应向承包人支付工程费用。

四、工程费用监理的原则

工程费用监理是工程监理的主要调控手段和关键工作环节。在监理过程中，监理工程师利用自己的素养为工程服务，有多种不同的监理措施及方法可选择，为了搞好费用监理工作，必须在工程监理工作中遵守一些基本原则。

1. 政策性原则

费用监理是一项政策性、法律性、经济性和技术性很强的工作，必须首先根据国家的方针政策办事，要严格遵守国家的法律和有关制度，正确处理国家整体利益、业主利益和施工企业利益的关系，同时，还必须严格遵守工程项目本身内在规律的要求，处理好进度、质量与费用三者之间的辩证关系。监理工程师在进行工程费用监理时必须做到经其签认的每一笔工程费用符合国家有关政策的规定和要求，并协调好承包人与业主的利益关系。

2. 合同原则

工程承包合同一方面综合体现了国家的经济政策和基本建设管理制度及法规，另一方面也全面概括了工程设计意图和要求，并综合考虑了施工中的各种因素，是有关工程施工的综合性文件。监理工程师在进行工程费用监理时，必须在国家法规政策的范围内，以合同为依据，按合同要求和合同的基本精神处理好各类工程费用的签认与支付。虽然监理工程师对工程费用全权负责进行签认和监理，但费用监理工作必须符合合同要求，他无权超越合同所赋予的权力，必须保证每一笔工程赋予的支付都符合合同的要求。

3. 公正原则

监理工程师是作为独立的中介人参与工程管理的，工程费用的支付签认权力，直接涉及业主和承包人的利益，因此，监理工程师必须恪守公正的原则来进行费用监理。FIDIC 合同条件第 2.6 条明示：监理工程师要行为公正。

在工程施工活动中，监理工程师处于主导地位，在合同中赋予了广泛的权力，承包人与业主的货币收支行为是否准确和合理，取决于监理工程师所签认的工程费用是否公正。要使工程费用既合理而又准确，只有监理工程师保持公正才有可能。保持公正立场，是监理工程师进行费用监理的基本原则和起码要求，如果监理工程师不公正，就无法准确地计量实际工作量，无法正确地作出判断，从而直接影响业主与承包人之间的公平交易。特别是当施工过程中发生工程变更、工程索赔和各种特殊风险等情况时，更要求计量支付监理工程师独立而公正地作出判断并对其进行估价，这一系列附加支付直接取决于计量支付监理工程师是否公正。监理工程师在工程费用计量中，必须认真负责，以实事求是的精神和科学的态度做好每一项工作，确保自己站在客观、公正的立场上。

4. 责、权、利相结合的原则

要搞好工程费用监理的各项工作，同样必须贯彻责、权、利相结合的原则。"责"是要完成费用监理任务的责任；"权"是指监理工程师为了完成费用监理任务，对于必须采取的措施所应有的权限，即实施费用监理的权力，确切地说是监理工程师必须拥有工程计量与工程费用签认的权力，否则，计量支付监理工程师无法对工程费用进行计量；"利"是根据费用监理任务完成的好坏给予计量支付监理工程师的奖惩。

费用监理必须明确职责，否则无人负责；监理还必须有权，监理本身即是一种权力，没有权，也就无从监理。同时，还必须有利，有利才能促进责任的履行。只有责、权、利高度结合，才能有效地搞好费用监理工作。

责、权、利相结合的原则一方面是监理工程师自身开展费用监理工作的前提条件，另一方面也是监理工程师在进行费用监理工作中必须遵守的基本原则。也就是说，监理工程师必须全面分析和理解业主、承包人各自所拥有的责任和权力，在此基础上确认他们各自的利益。只有分清了业主、承包人双方各自的权力和责任，才能准确地协调好双方的利益关系。因此，在工程费用监理过程中，监理工程师必须贯彻好责、权、利相结合的原则。如果将本属业主的责任认为是承包人的责任，那么就无法公正确认业主应付的工程费用，也就损害了承包人的利益，直接后果是迫使承包人索赔并进而影响监理工程师的监理权威和权力，反之亦然。

五、工程费用监理的方法

费用监理的方法很多，从不同的角度可以进行不同的分类和总结，现仅从时间的角度进行归类。从监理措施采取的时间上来看，可以分为事后监理（反馈监理）、事前主动监理（前馈监理）和跟踪监理（过程监理）3 类。

1. 事后监理

事后监理是指监理工程师将计量证书和支付证书以及各种相关的调节信息输送出去后又把作用结果的信号返送回来，并对信息的再输出发生影响，以起到费用监理的作用。在费用监理中，为了对施工中的各种耗费进行有效地监理，要求把实际耗费同合同价进行比较，并把发生偏差的信息反馈给各方，以便及时进行调节，保证费用监理目标的实现。

2. 事前监理

事前监理又叫主动监理，是指在发生目标偏差以前，即在实际工程费用超过合同价格之前，根据预测的信息，采取相应的措施予以调节，使工程费用不偏离或尽量少偏离合同价。

3. 跟踪监理

跟踪监理是指监理工程师跟踪施工过程，并对其进行监理，是监理工程师在施工现场进行监理，如旁站监理即是一种典型的跟踪监理。

跟踪监理是一种日常的监理，事前监理与事后监理最后都要通过日常监理才能起作用。没有跟踪监理，事前监理和事后监理就没有意义。另一方面，跟踪监理能及时反馈信息，可以立即采取措施加以调整，监理效果立竿见影。因此，费用监理事实上存在3种方法，只有将三者有机地结合起来，才能搞好费用监理，片面或单纯采用某一方法都无法有效地搞好费用监理工作。

六、工程费用监理的职责与权限

任何工作，如果职责不明确，就无法取得好的效果，监理工作更是如此。监理工程师受业主委托或指定，对工程项目的合同、质量、工期、费用等进行全面地监督与管理。因此，他必须明确自己的职责，并围绕这些职责确定自己的工作目标和工作责任以及落实相应的人员和工作条件，从而使整个监理工作职责分明，井然有序。另一方面，在明确职责的同时，还必须明确权限。监理工作的基本原则之一就是责、权、利相结合，要履行既定的职责，就必须赋予相应的权力，否则，无论职责如何明确，最终都将无法完成监理任务。

监理工程师在工程费用监理中的职责与权限主要从工程计量和工程费用支付两个方面来保障，也就是说，只有对工程计量和工程费用支付拥有监理权，才能真正搞好费用监理工作。若对工程计量无权过问，实际完成的工程量就无法准确掌握，工程的价值就无从确定。同样，若对工程费用支付无权过问，就无法保证工程费用支付是否符合合同要求，无法利用经济杠杆协调业主与承包人在施工活动中的关系，从而不仅不能完成和搞好工程费用监理工作，而且还直接影响监理工程师对工程质量和工程费用进行监理，最终导致无法对整个承包合同实现严格管理。

FIDIC合同条件中，监理工程师进行工程计量和工程费用支付的职责与权限十分明确，并且两者高度统一，共为一体。概括来说，主要体现在下面两个合同文件中。

1. 通过业主与监理工程师签订的工程监理服务合同赋予

该合同必须全面明确监理工程师和业主双方的权利和义务，明确监理工程师的职责范围。监理工程师必须遵守该合同中所规定的职责，否则，他将对自己失职所造成的损失负责。同时，他还必须严格遵守该合同中规定的权限，不得越权，否则，他也同样将承担由此而造成的后果。如监理工程师不得在业主无书面同意的情况下，将监理合同中规定监理方的义务、权力或款项随意转让给他人。再如总监理工程师认为必要时，可对合同作小的修改，但对实质性的修改，应事先取得业主的书面认可，因为实质性的修改将直接涉及到业主的重大利益，此时监理工程师无权在业主没有书面同意的情况下作出决定。又如，对于工程变更，一般也应同业主协商并取得同意等等。这些方面的约束和限制，一般都会在合同中明确，并采用由业主授权的方式来落实其权限。

2. 通过业主与承包人签订的工程承包合同赋予

业主与承包人签订的工程承包合同文件很多,包括合同协议书、合同条件、工程量清单、技术规范、来往函件等,主要在合同通用条件、专用条件、工程量清单中全面明确监理工程师的费用监理权,一般在通用条件和工程量清单中明确职责和权力,在专用条件中则明确对权力的限制。

此外,国家法律和政府有关职能部门的相关政策、规章制度,也将对监理工程师的职责和权利从外部加以约束和限制。因此,监理工程师在履行合同规定的职责和行使合同所赋予的权力时应自觉接受政府的监督。

•第二节 工程量清单与投标报价•

一、工程量清单

1. 工程量清单

所谓工程量清单就是招标单位按照一定的原则将招标的工程进行合理分解,以明确工程的内容和范围,并将这些内容数量化的一套工程项目表。工程量清单是合同文件之一,它反映出每一个相对独立项目的主要内容和预算数量,并且通常以每一个体工程为对象,按分部分项工程列出工程数量。工程量清单一般由招标单位提供,但国际上的某些工程项目招标,并无工程量清单,而仅有招标图纸,这就要求投标人按照自己的习惯列出工程细目并计算出工程量。我国的公路工程招标都由招标单位提供工程量清单。

工程量清单的作用主要体现在 3 个方面:其一是便于招标单位编制标底。工程量清单必须按照一定的分项规则和工程量计算方法编制,其中分项规则一般在技术规范中有明确规定,而工程量计算方法一般参照国内的有关规定及国际惯例。应当指出,工程量清单的分项同概预算分项存在较大的差别,不能直接套用概、预算项目表,而应按招标文件中技术规范的要求进行编制。在此基础上,招标单位就可计算出标底。因此,工程量清单的分项应力求清楚明了,不重不漏。其二是为所有投标人提供一个报价计算的共同基础,这样既使他们能够高效准确地编写报价单,合理地进行投标报价,又便于评标时对报价进行分析比较。其三是为实施工程计量与支付提供重要依据。

2. 清单工程量

清单工程量是指工程量清单中所列的工程数量,它是在实际施工生产前根据设计图纸和说明及工程量计算规则所得到的一种准确性较高的预计数量,而不是承包人应予以完成的实际和准确的工程量。因为在实际施工过程中,情况千差万别,所以完成的实际工程数量,应由承包人按监理工程师认可的尺寸断面或其他计量方法进行计量,并最终经监理工程师确认。尽管如此,在制作工程量清单时,应认真细致地计算工程量,力求准确,从而使清单序列工程量与实际工程量的差距尽可能小。清单工程量误差将产生两个方面的不利影响:一方面 FIDIC 合同条件第 52 条中指出,当变更工程涉及工程金额超过合同价格的 2%,且变更后的工程量大于或小于原来清单工程量的 25% 时,应调整原合同单价。发生此类情况,增加了合同管理,尤其是费用监理的难度。另一方面工程量计算不准,给投标人不平衡报价造成机会,当实际工程量较多地大于清单工程量时，承包人可报较高的单价，对投标总价影响不大，但在施工过程中按实际工程量支付时，该项目费用增加很多，业主不易控制工程总费用。

计算清单工程量时，一定要注意与技术规范和设计图纸的统一，也就是说工程量清单的工程量，其计算规则应与技术规范的计算规则完全一致。特别是当同一个工程由不同单位设计，不同单位编制技术规范和工程量清单时，应通过认真分析确定统一的工程量计算规则，并注意搞好协调工作，否则，会给评标和将来的施工监理工作带来麻烦。

二、工程量清单的内容

工程量清单由前言、工程细目、计日工明细表和清单汇总表 4 部分组成。

1. 前言

前言，在某些合同文件中又被称为清单序言，它对工程项目的工作范围和内容、计量方式和方法、费用计算依据进行描述，因此在招投标期间对工程报价有影响，在工程实施期间对工程是否进行计量与支付以及如何进行计量与支付有影响。工程发生变更及费用索赔时，它的参考作用更明显，直接影响到监理工程师对单价的确定。概括起来，前言强调如下几个方面的内容：

（1）工程量清单应与投标须知、合同条件、技术规范及图纸等文件结合起来理解或解释。

（2）除非合同另有规定，工程量清单中有标价的单价或总额价均已包括了为实施和完成合同工程所需的劳务、材料、机械、质检、安装、缺陷修复、管理、保险、税费、利润等费用，以及合同明示或暗示的所有责任、义务和一般风险。

（3）工程量清单中的每一个细目，不论数量是否标出，都须填入单价或总额价。投标时没有填入单价或总额价的细目，其费用应视为已分配在工程量清单的其他单价或总额价之中。

（4）符合合同条件规定的工作若没列细目，其费用应视为已分摊在本合同工程的有关细目的单价或总额价之中。

（5）工程量清单中所列工程量的变动，丝毫不会降低或影响合同条件的效力，也不免除承包人按规定的标准进行施工和修复缺陷的责任。

2. 工程细目

工程细目又叫分项清单表，是由招标工程中的各个项目按章的顺序排列而成。工程细目表中有项目编号、项目名称、工程数量及单位、单价及款额等栏目。工程细目分章排列有利于将不同性质、不同位置、不同的施工阶段或其他特性不同的工程区别开来，同时，也有利于将那些需要采用不同施工方法或不同施工阶段或成本不一样的工程区别开来。工程细目按章、节、目的形式设置，至于具体分多少章，章中分多少节，节下又分多少目，则应根据工程实际情况确定。下面摘录 FIDIC 条款（国际范本）分章中的第 100 章和第 200 章的节、目表，以供参考。

第 100 章为一般条目，由表 9-1 可知，该章共分 4 节。第 1 节：关税；第 2 节：临时道路修建及其养护；第 3 节：承包人驻地建设；第 4 节：为监理工程师提供的设施。每 1 节下再分若干目，技术规范每 1 节中的最后一目就与这一节工作内容的计量与支付规定对应，虽然工程细目表中未将此规定列出，但监理工程师在进行计量支付时必须仔细阅读。另外要指出的是，工程细目是需要承包人完成并报价的内容。

第 200 章是路基土石方，由表 9-2 可知，本章共分 4 节，但细目表中只列出了两节，即第 2

节场地清理和第3节挖方与填方。根据技术规范的规定，第1节总则（包含施工测量与施工放样）和第4节土方压实与路基整型的费用分摊在第2节和第3节中，均不单独计量与支付。

第100章 一般条目

表9-1

合同段　　货币单位：元（人民币）

编　号	项目名称	单位	数量	单价	总额
101—1	关税	总额			
101—1.1	永久工程进口材料和设备的关税	总额			
101—1.2	……	总额			
102—1	临时道路修建及其养护	总额			
102—2	现场测量、放样及其维护	总额			
102—3	为监理工程师提供的测量辅助人员	总额			
103—1	承包人驻地建设	总额			
104—1	监理工程师及其班子的办公室住房和其他用房及其设施	总额			
104—2	监理工程师及其班子的办公和生活方面的服务	总额			
104—3	监理工程师及其班子的供电、供水、电讯设施及其维护	总额			
104—4	监理工程师及其班子的供电、供暖、供水、电讯的服务	总额			
104—5	监理工程师的中心试验室的用房及其设施	总额			
104—6	监理工程师中心试验室的试验仪器设备	总额			
104—7	监理工程师的中心试验室试验仪器设备维护与服务	总额			
104—8	监理工程师使用的办公和测量仪器设备	总额			
104—9	监理工程师使用的办公和测量仪器设备的维护	总额			
104—10	监理工程师使用车及其维护和服务	总额			
104—10.1	小轿车	总额			
104—10.2	越野车	总额			
104—10.3	大轿车	总额			
104—10.4	轻型货车	总额			
104—10.5	旅行车	总额			
104—10.6	……	总额			

注：①关税只列永久工程用的材料和设备，并说明其报价的依据，支付按税单实额计；
②工商统一税和其他税费一律摊入单价；
③保险费均摊入单价；
④现场试验室用房和试验仪器设备由承包人负责并摊入单价。

第 200 章　路基土石方

表 9-2

合同段　　　　　　　　　　　　　　　　　　　　　　　　　　　　　货币单位:元(人民币)

编　号	项 目 名 称	单位	数量	单价	总额
202—1	清理与掘除				
202—1.1	清理草皮及表土	m^2			
202—1.2	掘除树根	棵			
202—1.3	砍伐树木	棵			
202—2	拆除旧路面				
202—2.1	碎(砾)石土路面	m^2			
202—2.2	沥青混凝土路面	m^2			
202—2.3	沥青混凝土路面面层	m^2			
202—2.4	……				
202—3	拆除结构物				
202—3.1	钢筋混凝土结构	m^3			
202—3.2	混凝土结构	m^3			
202—3.3	砖、石及其他砌体结构	m^3			
202—4	……				
203—1	挖方				
203—1.1	挖土	m^3			
203—1.2	挖石	m^3			
203—1.3	弃方超运	$m^3 \cdot km$			
203—2	填方				
203—2.1	利用土填方	m^3			
203—2.2	利用石填方	m^3			
203—2.3	借土填方	m^3			
203—2.4	填方超运	$m^3 \cdot km$			

3. 计日工明细表

计日工俗称“点工”,当工程量清单所列各项均没有包括,而这种例外的附加工作出现的可能性又很大,并且这种例外的附加工作的工程量很难估计时,则需以计日工明细表的方法来处理这种例外。应当指出,国内工程不太使用计日工,但 FIDIC 条款下使用计日工的场合很多,监理工程师应当认真对待这一灵活性较强的工作。计日工明细表由总则、计日工劳务、计日工材料、计日工施工机械以及计日工汇总表 5 个方面的内容组成。相应的表格有 4 个,即计日工劳务单价表、计日工材料单价表、计日工施工机械单价表以及计日工汇总表。

4. 工程量清单汇总表

工程量清单汇总表除了对各工程细目表进行汇总外,还列有计日工总额以及作为预备费和意外费的暂定金额,表 9-3 为 FIDIC 条款(国际范本)的清单汇总表,表中包括序号、章名、金额 3 部分。

工程量清单汇总表　　表 9-3

序　号	章　名	金额(元)
1	第 100 章　一般条目	
2	第 200 章　路基土石方	
3	第 300 章　路面	
4	第 400 章　桥梁	
5	第 500 章　隧道	
6	第 600 章　排水	
7	第 700 章　防护	
8	第 800 章　道路设施	
9	第 900 章　绿化	
10	第 1000 章　房屋	
11	第 100 ~ 1000 章　合计	
12	计日工总额	
13	第 100 ~ 1000 章 + 计日工总额	
14	按第 100 ~ 1000 章合计额的____% 作为暂定金额	
15	写入投标书作为合同段投标金额的总价(13 + 14)	

注:一切暂定金额都由监理工程师按照 FIDIC 合同条件第 58 条规定决定使用或使用其一部分。

三、工程量清单的优点

根据以上所述,现将工程量清单的优点总结如下:

1. 管理简单

由于清单中的单价包括了工程项目的所有费用,对业主和监理工程师来说,施工过程中的管理就变得十分方便。业主根据承包人进度计划中每个时期完成的工程量按照清单中的单价搞好资金筹措。

2. 适应性强

由于工程量清单中的量不作为结算工程价款的凭据,清单中的数量可以是一个估算的数量。因此可以采用施工图设计或初步设计中所计算的工程量编制招标文件,进行招标,特别是在投标期间对于一些项目当没有足够资料估价时,还可以暂定金额的形式予以考虑。

3. 竞争性强

建设市场改革采用招标、投标制度的目的就是反对垄断,鼓励竞争,而单价合同的竞争性最强,承包人为了中标就必须提高管理水平和技术水平,并提出一个合理的报价。

4. 保险性好

这主要是指采用单价合同的工程量清单对业主和承包人双方都保险。FIDIC 合同条件中对合同双方的风险作了明确而详细的规定。一般不经常发生的风险或对单价影响较大但又无法预料的风险(例如,战争、叛乱等特殊风险以及市场价格的浮动、不利的外界障碍、后继的法律等风险),均由业主承担。这就避免了由于上述风险的发生导致承包人的破产,而对业主来说,由于规定了这些风险由他承担,在招标时他就可以得到一个合理的报价。正因为采用单价合同的工程量清单具有上述优点，所以在国际工程招标中得到广泛的应用。

四、投标报价的内容和计算程序

虽然投标报价是承包人的工作内容，但是为了搞好费用监理工作，监理工程师必须全面了解投标报价的内容。特别是对于报价单更应十分熟悉，这样既有利于监理工程师进行工程费用预算合同价格分析，又有利于工程费用的准确、合理支付。承包人的报价是否恰当，一方面决定他能否中标，另一方面直接关系到他中标后能否顺利完成工程施工任务和获得利润，因此，承包人一定会根据其自身的经验和习惯认真细致地计算报价。担当费用监理重任的监理工程师，必须全面分析承包人的报价单，由此了解本合同的特点和费用监理的重点、难点，进而明确费用监理目标。

简单地说，投标报价的主要工作就是填好报价单，即由投标人填入各工程细目的单价，使工程量清单成为有标价的清单，通常将有标价的工程量清单称为报价单。尽管投标报价是一项复杂的工作，且不同的合同形式计算报价是有差别的，但具有代表性的单价合同报价计算主要分以下 9 个步骤：

(1)研究招标文件；

(2)现场调查研究；

(3)核算工程量；

(4)制定施工进度计划和施工方案；

(5)计算工、料、机单价；

(6)分摊费用计算；

(7)工程定额的选用；

(8)确定投标价格；

(9)编制投标文件。

以上既是承包人计算报价所需要经历的步骤，也是监理工程师进行报价分析和标底编制所采用的程序。尽管下面是从承包人投标的角度来介绍报价计算内容的，但监理工程师必须全面了解和掌握报价计算过程和内容，才能准确地分析承包人所报单价，进而搞好工程费用支付工作。

1. 研究招标文件

招标文件包含很多内容，主要由合同条件、技术规范、工程量清单、补充资料表、各种保函和设计图纸等组成，承包人和监理工程师都应全面研究这些内容。从投标报价这个角度来讲，应特别重视如下几个方面的问题：

1)合同条件

合同条件对投标报价影响较大的主要内容有：

(1)工期。包括对开工日期的规定、施工期限以及是否有分段、分批竣工的要求。工期对制定施工计划、施工方案、施工机械设备和人员配备均是重要依据。

(2)误期损害赔偿费的有关规定。这对施工计划安排和拖期的风险大小有影响。

(3)缺陷责任期的有关规定。这对何时可收回工程“尾款”、承包人的资金利息和保函费用计算有影响。

(4)保函的要求。保函包括履约保函、预付款保函、临时进口施工机具税收保函以及维修期保函等。保函数值的要求和有效期的规定,允许由开保函的银行限制,这与投标者计算保函手续费和用于银行开保函所需占用的抵押资金有重要关系。

(5)保险。是否指定了保险公司、保险的种类(例如工程一切保险、第三方责任保险、现场人员的人身事故和医疗保险、社会保险等)和最低保险金额。这将影响保险费用的计算。

(6)付款条件。是否具有预付款,如何扣回,材料设备到达现场并检验合格后是否可以获得部分材料设备预付款,是否按订货、到工地等分阶段付款。期中付款方法,包括付款比例、保留金比例、保留金最高限额、退回保留金的时间和方法、拖延付款的利息支付等,每次期中付款有无最小金额限制、业主付款的时间限制等。这些是影响承包人计算流动资金及其利息费用的重要因素。

(7)税收。是否免税或部分免税,可免何种税收,可否临时进口机具设备而不收海关关税,这些将严重影响材料设备的价格计算。

(8)货币。支付和结算的货币规定,外汇兑换和汇款的规定,向国外订购的材料设备需用外汇的申请和支付办法。

(9)劳务国籍的限制。这对计算劳务成本有用。

(10)战争和自然灾害等不可抗拒因素造成损害的补偿办法和规定,中途停工的处理办法和补救措施等。

(11)有无提前竣工的奖励。

(12)争议、仲裁或诉诸法律等的规定。

以上各项有关要求,在世界银行贷款项目招标文件中,有的在"投标者须知"中作出说明和规定,在某些招标文件中,这些要求放在"合同条件"第2部分中具体规定。各国对承包人收取的各种税率差异较大,因此,要仔细研究标书中有关税收的条款,并通过各种途径弄清纳税项目、税率和纳税程序。其他方面,例如,各种保函种类和担保金额,各种保险和保险金额以及不可抗力所造成损害的补偿办法等。

2)技术规范

投标报价要按照招标文件的技术规范的要求和工程量清单中开列的项目及对每个工程细目的工作内容的说明进行,任何疏忽都将造成失误。

3)报价要求

(1)应当注意合同种类是属于总价合同、单价合同、成本补偿合同、"交钥匙"合同或是单价与包干混合制合同。对承包人来说,在总价合同中承担着工程量方面的风险,就应仔细校核工程量并对每一子项工程的单价作出详尽细致的分析和综合。

(2)应当仔细研究招标文件中的工程量表的编制体系和方法。

4)承包人风险

认真研究招标文件中,对承包人不利,需承担很大风险的各种规定和条款,例如有些合同中,业主有这样一个条款"承包人不得以任何理由索取合同价格以外的补偿",那么承包人就得考虑加大风险费。

2. 进行工地现场调查

工地现场调查是合同条件和技术规范研究的补充,因此,在到工地调查之前必须对招标文件进行认真细致地研究，并列出需要在工地现场重点进行调查的项目。就公路工程项目而言，现场考察应弄清的问题大致有：

(1)地形、地貌对工程施工的影响；

(2)当地天然材料的分布、开采条件和质量，地方运输道路和地方材料价格等情况；

(3)沿线气候和水文情况；

(4)改建道路和交叉道路的交通状况，进入施工现场的乡村道路路面情况、便桥情况及收费情况；

(5)承包人建点位置的选择，现场拟定重要工程如大桥、隧道、互通式立交等的初步施工组织设计方案；

(6)与施工及费用有关的地方法规。

3. 核算工程量

大多数国际招标工程的工程量清单由业主提供，但也有一些国际招标工程，并没有工程量清单，仅有招标图纸，这就要求承包人按照自己的习惯列出细目并计算工程量或按国际通用的工程量编制方法提交工程量清单。无论招标文件是否附有工程量清单，承包人和监理工程师都应对工程量进行核算，这不仅是计算投标价格的需要，而且也为今后在施工过程中核定每个工程细目的付款打下基础。在核算工程量时，应当结合招标文件中的技术规范、设计图纸和设计说明书等与工程量计算有关的资料，搞清楚工程量清单中每一细目的具体内容，以免出现遗漏和计算错误。

4. 制定进度计划和施工方案

投标时工程进度计划和施工方案将作为业主评价投标者是否采取合理和有效的措施，能否保证按工种、质量要求完成工程的一个重要依据。另外施工规划对投标者自己也是十分重要的，这是因为施工方案的优选和进度计划的合理排定对工程报价有着密切的关系，编制一个好的工程进度计划和施工方案可以大大降低标价，提高竞争力。

因此，制定工程计划进度和施工方案的原则是在保证工程质量和工期的前提下，尽可能使工程成本最低，投标价格合理。在这个原则下，投标者要采用对比和综合分析方法寻求最佳方案，避免孤立、片面地看问题。应根据现场施工条件、工期要求、机械设备来源、劳动力的来源等，全面考虑采用某种方案。

5. 计算工、料、机单价

在国际工程项目承包中，一般惯例是，业主根据承包人完成的工程量付款。除了完成的暂定项目及按计日工方式完成的零星工程可以得到额外付款外，其他所有的一切费用都必须计入完成的工程量付款中。

1)单价构成

(1)人工费——单位工程的用工量(以工日计)×工日基础价格；

(2)材料或货品费——单位工程的材料消耗量或货品(不同材料或货品用不同计量单位)×材料或货品单位基础价格；

(3)施工机具使用费——将工程施工中使用的机械设备、工具及动力消耗等按不同类别的子项工程分别摊销；

(4)各种管理费和一切其他间接费用——分别摊入每一子项工程的单价中；

(5)利润——指预期税前利润,根据不同工程情况和竞争激烈程度等不同情况,在报价前确定预期利润率,计入每个子项工程的单价中。

从以上组成分析,可以看出,对工程单价有着重大影响的因素是3个方面,即基础价格(包括工日、材料或货品设备等)、工程定额(包括材料消耗定额、工日消耗定额和施工机械台班定额)和各种摊入系数。

2)基础价格计算

(1)工日基价。工日基价是指工人每个工作日的平均工资。如果整个工程是雇佣当地工人,只需按当地建筑工人的月工资,适当加入应由雇佣人支付的各类法定的津贴费、招募开支(分摊到每月)等,除以每月平均工作天数,即为工日基价。若当地有工资上涨的趋势,可再适当乘以预计上涨率。

(2)材料设备的基价。交货方式不一,供货人所报价格的表现形式可能也是多种多样的。为了便于进行工程投标的计算,应当全部换算为材料设备到达施工现场的价格,作为基价。

(3)施工机械使用费基价。施工机械设备费用以何种方式计入工程报价中,要根据招标文件的规定决定。有些招标文件规定,应当列入该工程的施工机具设备费总数,业主甚至可以在工程初期验证承包人的机具设备确实进入现场后,即可支付一定比例的该项费用。多数招标项目是不单列施工机具设备费用栏目的,这时,投标人应当将这笔费用分摊到分部分项工程单价中,至于分摊的方式,则由投标人自己决定。

6. 分摊费用计算

前面已经提到应注意招标文件中的报价要求,即应当研究业主提供的报价单的编制体系和方法。有些招标项目的报价单列有初期费用(或称开办费)一项,这是指正式开工之前的现场准备工资。如果有这项内容,则应当从招标文件的说明中,搞清楚允许列入这个分项的具体内容;如果报价要求中没有这个分项,则所有的初期费用都应当与其他管理费用一起摊入到工程量清单的计价工程中,工程中必须分摊的费用一般有初期费用、现场管理费用和其他待摊费用3种。

1)初期费用

在不同的招标项目中包含的内容可能不尽相同,一般包括以下组成部分:

(1)现场勘察费。业主移交现场后,应立即进行补充测量或者勘探,可根据工程场地面积估算。

(2)现场清理费。包括清除树木、旧有建筑物等,可根据现场考察实际情况进行估算。

(3)进场临时道路费。如果需要时,应考虑其长度、宽度和其否有小桥、涵洞及相应的排水设施等,并应考虑其经常维护费用。

(4)业主代表和监理工程师设施费。如标书规定了具体内容和要求,则应根据其要求计算报价。

(5)现场试验设施费。如标书中有具体规定,应按其要求计算,否则可按工程规模考虑简易的试验设施并计算其费用,如混凝土配料试块、试验等,而其他材料、成品的试验可送往附近的研究验机构鉴定,考虑一笔试验费用即可。

(6)施工用水、电费。根据施工方案中计算的水电用量,结合现场考察调查,确定水电供应设施。例如水源地、储水设施、供水管网、外接电源或柴油发电站、供电线路等,并考虑水费、电费或发电的燃料动力费用。

(7)施工机械费。在前面“基础单价的计算”中,已算出施工机具设备使用基价,一般可将机具设备的折旧费和安装拆卸费计入本项中,至于燃料动力、操作人工和维护修理等都计入台班费中,并摊入各工程单价。

(8)脚手架及小型工具费。根据施工方案,考虑脚手架的需用量并计算总费用。

(9)承包人临时设施费。按施工方案中计算的施工人员数量,计算临时住房、办公用房、仓库和其他临时建筑物等,并按简易标准计算费用,还应考虑生活营地的水、电、道路、电话、卫生设施等费用。

(10)现场保卫设施和安全费用,按施工方案中规定的围墙、警卫室和夜间照明等计算。

(11)职工交通费。根据生活营地远近和职工人数计算交通车辆和职工由住地到工地往返费用。

(12)其他杂项。如恶劣气候施工措施、职工劳动保护和施工安全措施等,可按施工方案的安排估算,这些内容一般在技术规范的第一章出现,哪些进入工程量,由技术规范中的计量与支付内容规定。

2)现场管理费用

不便列入上述初期费用的其他一切开支,均列入管理费,按一定系数摊入各项工程量中,下列费用名目是常见的。

(1)投标费用。包括投标文件购置费、投标人员旅差费和工资、外事活动费等。

(2)保函手续费。包括投标保函、履约保函、预付款保函和维修保函等,可按估计各项保证金乘以银行保函年费率,再乘以各种保函有效期(以年计)即可。

(3)保险费。包括工程全险、第三方责任险、车辆保险等,至于施工人员的人身事故和医疗保险及强制性的社会福利保险费可计入事故人员的工资(工日基价)内,材料设备运输过程中的保险计入材料设备基价内。

(4)税金。包括合同税、印花税、公司营业税和各种关税等。

(5)管理人员费。从生产和辅助生产劳务数量按比例(国外工程一般用8%～10%),并结合管理岗位计算管理人员数量,并参照前面所述工日基价计算管理人员工资和费用。

(6)行政办公费。包括管理部门的文具、纸张、表册、邮电及办公室用家具、器具和日常使用低值易耗品,移交水电、空调、采暖等开支。

(7)生活设施费。如厨房设施、卫生设施、洗澡、环境清洁等设施费用。

(8)交通车辆使用费。办公人员的交通工具(如卧车、轻型客车等)的折旧、保险、维修和油料费用等。

(9)竣工清理费用。竣工清理如未列入工程量表,可计入现场管理费中。

(10)其他费用。凡是在“初期费用”中不能列出,而又必须支出的各项费用均可计入,也可总价列入一笔不可预见费用。

3)其他待摊费用

其他待摊费用是指现场管理费用之外的各项费用,他们可以根据不同条件研究确定其比例,也应同现场管理费用一样,摊入工程量表的各细目价格中。

(1)流动资金利息。可根据资金流量计算。承包人只靠工程预付款,肯定难以维持工程的正常施工,而需要先垫付一笔流动资金,没有预付的项目,承包人垫付的资金量更大。如果招标文件没有“初期费用”支付的栏目，则流动资金占用的时间将是很长的。这笔流动资金大都是承包人从银行借贷的，因此，应当将流动资金的利息部分计入工程价款中。另外，某些延期付款的工程细目由承包人垫付绝大部分资金，特别是某些合同规定，延期付款的利息只能从竣工交付时计起，这时，承包人必须将建设期间垫付资金的利息全部计入工程成本。流动资金或其垫付资金的利息，应当在编制资金流量表的基础上，根据承包人获得的资金来源的利率和占用时间详细核算。如果承包人从银行获得的贷款货币与将来获得的付款货币有所不同，承包人还应当计算换汇汇率的变化可能带来的风险。至于在竣工后分期分批的延期付款，应当在合同中明确规定贷款利率。假若承包人借贷资金的利率高于业主可接受的延期付款利率，则其差额一般也会摊入工程的报价之中。

(2)上层机构管理费。除了现场管理外，为了保证工程顺利实施，承包人的公司总部和地区办事处也要做大量的组织管理工作，提取一定的上层机构管理费是必要的和合理的。其比例大小可由各公司自行规定。

(3)利润。承包人可以事先提出一定比例的预计利润进行计算。由于当前建筑市场的竞争激烈，使承包人不得不降低自己的利润率，有些承包人甚至不惜采用“无利润算标”，以求竞争胜利。所谓“无利润算标”，就是计算投标报价时，完全按实际成本报价；中标以后，再想办法将工程分割，并分别转给成本较低的小公司分包，这样，得标的承包人至少可以获得一定比例的管理费用。即使工程不可能转包或分包出去，他们会想办法加强管理和降低成本，或者采取措施向业主索赔，以争取取得微利。哪怕最后仅能保本，至少可以在市场萧条时期维持公司正常运转营业，不致破产倒闭。其利润水平的高低，也只有监理工程师凭经验判断。

(4)风险系数和降价系数。工程承包本来就是一项风险事业，各种意外事件难以避免，为了应付施工过程中偶然发生的事故而预留一笔风险金，有时是必要的。另外，承包人中标后，在议标和商签合同过程中，业主可能还会施加压力，要求承包人适当让价。有些承包人事先在算标时考虑了一个降价系数，这样，在业主议价压价时，虽然适当让步，也不致影响预期利润。这两项系数究竟取多大的才能合适，很难测算，需根据招标项目具体情况和对竞争对手报价水平的估计而研究确定。监理工程师进行分析时，只能靠自己的工程经验来测算，一般可按15%考虑。

7. 工程定额的选用

工程定额反映施工队伍的生产效率和管理水平，也是决定标价水平的重要因素。然而，究竟怎样选择工程定额，是一个很难决定的问题。如果定额水平太低，标价肯定会提高，则可能使这一报价完全失去竞争力；如果定额水平太高，虽然报价可以降下来，但在实施过程中达不到这个定额要求时，可能出现亏损。因此，如何选择比较合适的工程定额，在标价计算时应十分慎重从事。影响工程定额的因素很多，其中主要有如下几个方面：①施工人员的技术水平和管理水平；②机械化程度；③施工技术条件；④施工中各方面的协调配合；⑤材料和半成品的加工性和装备性；⑥自然条件对施工的影响等。对于国外工程，应仔细分析其具体特点，研究其影响工程定额的有利因素和不利因素。在没有现成的国外工程定额可供使用的情况下，可以利用国内的工程定额，并考虑国外工程各种有利和不利因素的影响而适当加以修正。

8. 确定投标价格

前面计算出的工程单价，是包含人、材、机价和除合同工程量表中单列项目以外的间接费、利润、风险费等工程的工程分项单价，乘上工程量，再加上工程量表中单列项目费用，即可得出工程总价，但是，这样汇总起来的工程总价还不能作为投标价格，因为按照上述方法算出的工程总价与根据经验预测的可能中标价格或“标底”相比，往往有出入，有时还可能相差甚大。组成总价的各部分费用间的比例也可能不尽合理。再深究一下的话，造成这种“差价”的原因常常是计算过程中可能发生的对某些费用预估的偏差、重复计算或漏算等等。因此，必须对工程总价作某些必要的调整。

调整投标总价应当建立在对工程的盈亏预测的基础上，盈亏预测应当用多种方法从多种角度进行。用类比方法，可以把工程的全部人工费、材料费、机械费、间接费分别汇总，计算出各种费用占总价的比例，或者算平方米造价，和以往类似工程相比，从中发现问题。用分析的方法，可以把工、料、机单价、分项工程基本单价与间接费相互对照，看是否有漏算、重复的项目，然后分析费用的各个组成部分，看哪些地方还可以通过采取某些措施降低成本、增加盈利。

调整投标总价还应根据招标文件的投标者须知中与报价有关的授标原则确定，如世行贷款项目为最低评标价中标，国内筹资项目一般为低于标底一定比例的报价中标。考虑标价高低、工程盈亏时，应仔细研究利润这个关键因素。在研究报价、确定利润时，应当坚持“既能够中标，又有利可图”的原则，同时既考虑第一次投标成败的得失，又应着眼于长远的发展目标，来确定最后的投标报价。

9. 编制投标文件

在作出投标决策、确定报价策略后，承包人应重新修正投标价格，按投标文件的要求正确填写，并在规定投标日期和时间内报送投标文件。投标文件除提供有报价的工程量表以外，承包人还应按招标文件中的要求格式，填写必要的数据并签字。

承包人也可写一封详细的致函，对自己的投标报价作必要的说明，如降价的决定等。说明编完报价单后考虑到同业主友好的长远合作的诚意，决定按报价单的汇总价格无条件地降低某一个百分比，总价降到多少金额（应用大写和数字码两种写法），并愿意以这一降低后的价格签订合同。

对于工程量清单，一般要求在招标文件所附的工程量清单原件上填写单价和总价，每页均有小计，并有最后的汇总价。工程量表的每一数字均需认真校核，并签字确认。

对原招标文件的合同条件、技术说明和图纸，如果招标文件有要求，则每页均需签字一并交回，每页的签字是表示投标者已阅读过，并承认了这些文件。

对于银行出具的投标保函，要按招标文件中所附的格式由承包人业务银行开出，银行保函可用单独的信封密封，在投标致函内也可以附一份复印件，并在复印件上注明“原件密封在专用信封内，与本投标文件一并送交”。

第三节　工程计量

一、工程计量的必要性和依据

1. 工程计量的必要性

虽然由招标文件提供的工程量清单中已经给出了每一细目的工程内容和相应的工程数

量,而且承包人投标时也是依据工程量清单中的工程量填报单价的,但是在施工过程中还是必须进行工程计量这一环节,这是因为:

1)准确的实际工程量只有通过计量才能获得

工程量同工程费用一样,也有预算工程量与实际工程量之分。根据 FIDIC 合同条件第 55 条的规定,工程量清单的工程量仅是估算工程量,不能作为承包人应予完成的工程量之实际和确切的工程量,实际工程量必须在施工过程中实测才能获得。招标时的工程量只是对完成该工程所需工程量的一种准确性较高的估计,其主要目的不在于今后实施中是否完全一致,而是为投标人提供一个计算标价的共同基础。投标人按清单的工程量投标报价,业主按实际完成的工程量付款,这样就减轻了双方在施工之前由于工程量的准确性所带来的压力。这样一来,工程量的最终确认工作就移到了施工阶段,从而也就成为了监理工程师所担负的一项关键工作。

2)确保监理工作顺利开展的需要

毫无疑问,计量是监理工程师控制质量与进度的重要手段。首先,对于质量不合格的工程项目和工作内容,监理工程师可以拒绝计量。这既为质量监理提供了有力的保障,也迫使承包人必须严格按合同要求施工,否则,他所完成的工作将得不到监理工程师的认可,得不到认可就等于白干。其次,监理工程师通过按时计量,可以及时掌握承包人工作的进展情况和工程的进度,当发现所完成的工程量严重少于计划应该完成的工程量时,他有权要求承包人采取措施加快进度,在极端严重的情况下,他甚至可以向业主提交驱逐承包人的报告。此外,由于监理工程师对各种附加和意外工作也拥有计量权,所以他可以指令承包人去完成一些暂定的工作(如附加工作和各种意外工作)。

3)费用支付的需要

费用支付是需要进行工程计量的最关键原因。在单价合同中,计量是支付的基础,也就是说单价合同的付款额是通过将监理认可的实际工程量与承包人投标报价时对该工程细目所填报的单价相乘后得到的。由于单价已在承包合同中固定下来,工程量成为影响付款金额的唯一参数,所以进行准确的工程计量是确保业主与承包人双方实现公平交易的关键。

2. 工程计量的条件

工程计量一方面是为了准确地测定和计算已完工程的数量,另一方面也是为了对已完工程进行综合评价。因此,对进行计量的工程,必须满足以下条件:

1)计量的项目应符合合同要求

合同规定计量的项目包括以下 3 个方面:

(1)清单中的工程项目。清单中的工程项目全部需要进行计量,合同文件规定,没有填写单价与金额的项目其费用已包括在清单的其他单价或款项中,因此对于清单中没有填写单价与金额的项目,仍需进行计量,以便确认承包人是否按合同条件完成了该项工程。

(2)合同文件中规定的项目。除了清单中的工程项目以外,在合同文件中通常还规定了一些包干项,对于这些项目也必须根据合同条件进行计量。

(3)工程变更项目。工程变更中一般附有变更清单,工程变更清单同工程量清单具有相同的性质,因此对于工程变更清单项目亦必须按合同有关要求进行计量。

上述合同规定以外的项目,例如承包人为完成上述项目而进行的一些辅助工程,监理工程师没有进行计量的义务。因为这些辅助工程的费用已包括在上述项目的单价中。

2）质量必须达到合同规范标准的要求

一项工程的全过程的监理分为质量监理和工程费用监理（即计量和支付监理）两个阶段。承包人所完成的工程细目的质量必须经监理工程师检查并达到合同规范的标准后，才能由监理工程师签发中间交工证书，在此基础上再进行计量。工程质量没有达到合同规范标准的任何工程或工序，一律不得进行计量。

3）验收手续必须齐全

对一项工程或一道工序的验收应有以下资料和手续：

（1）监理工程师批准的开工申请单；

（2）承包人自检的各种资料和试验数据，同时各种试验的频率要符合合同规定；

（3）监理工程师检验的各种试验数据；

（4）中间交工证书。

总之，上述验收手续和资料齐全后才能进行计量。

3. 工程计量的依据

工程计量的依据主要有质量合格证书、工程量清单前言、技术规范中的“计量支付”条款以及设计图纸等几个方面。

1）质量合格证书

计量的基本条件和前提是质量合格，质量不合格部分不予计量。因此，计量工程师在进行计量时，一定要同质量监理工程师密切配合，只有被质量监理工程师签发了质量合格证书的工程内容，才能进行计量。

2）工程量清单前言和技术规范

由于工程量清单前言和技术规范中的“计量支付”条款规定了清单中每一项工程的计量方法，同时还明确了按规定的计量方法确定的单价所包括的工作内容和范围，所以它们是计量十分重要的依据。

3）设计图纸

在工程量清单前言中规定，对于某些工程项目，计量的几何尺寸应当以设计图纸为准，而不能按工程实际施工尺寸，这是在计量过程中必须遵守的，而且往往要求将清单前言同设计图一起阅读。

二、工程计量的职责与权限

要做好任何一项工作，首先必须明确职责，其次必须确定权限。有责无权或有权无责，必然无法达到目标。在公路工程施工监理活动中，必须明确作为监理活动主体的监理工程师的职责与权限，只有这样，才能确保监理工作达到预定的目标。根据FIDIC合同条件的规定，监理工程师在工程费用监理中的职责与权限要体现在工程计量与工程费用支付两个方面。为了真正做好费用监理工作，必须明确监理工程师在工程计量和工程费用支付中的职责并赋予相应的权力。若监理工程师对工程计量不负责任或无权过问，实际完成的工程量就无法准确掌握，工程价值就无从确定。所以，明确规定监理工程师在工程计量的职责和权限，是进行工程费用监理的基本条件和前提。FIDIC合同条件下的工程计量就是监理工程师按合同文件的要求对承包人完成的实际工程量进行测量和计算。计量不仅包括对工程量清单中所列工程细目的实际工程量进行测定,而且还包括对施工过程中所有与费用支付有关的其他工作内容进行详细、准确的记录。在 FIDIC 合同条件中,计量的职责与权限由第 55、56、57 条具体规定,现简要综述如下。

1. 计量的职责

计量的根本职责就是按照合同文件的有关规定准确测定已完工程的实际工程量。由于公路工程施工采用单价合同,工程量的多少直接关系到某次付款的金额,涉及业主与承包人双方之间的直接经济利益。而工程量清单(即报价单)中的工程量只是一种估算的工程量,所以完成某一工程项目的实际工程量必须由监理工程师按照清单前言和技术规范中有关的计量规定来确定。因此,计量既是监理工程师的一项基本职责,也是费用监理最重要的一个方面。

2. 计量的权力

合同条件中明确规定计量工作由监理工程师负责。在监理工程师独自计量、承包人独自计量以及监理工程师与承包人联合计量这 3 种方式中,无论采用哪一种计量方式,最终确认工程量多少的权力归监理工程师。因此监理工程师的计量权力实际上是对计量结果的确认权。具体说来,监理工程师有权拒绝对质量不合格部分的计量,同样他有权审查和核实承包人的计量记录,删除其中不合理的部分。所谓不合理是指虽然质量合格,但没有按规范指定的计量规则和计量方法计量,或者有多计、冒计部分,或者大多数工程是合格的,但其中混有不合格的部分等。总之,要按技术规范,工程量清单前言及合同条件中关于计量的规定来判定是否合理。

3. 权力的限制

尽管合同条件中没有直接给出有关权力限制的内容,但这一思想已隐含其中。由于监理工程师拥有工程量的确认权,因而,承包人会想方设法让监理工程师尽可能地多批工程量,最终达到多获得工程进度款的目的。为了防止监理工程师与承包人串通,合同条件中对监理工程师总的工作原则作出了明确规定,例如,他不得损害业主的利益,必须公正独立地进行工作,认真地行使职权。这就对这种权力的一种约束和限制。同时,还可由政府机关按有关法律和条例对监理工程师的工作加以监督,交通部颁发的《公路工程施工监理办法》第 21 条规定:"监理咨询单位或人员营私舞弊,损害建设单位、施工单位利益或因监理人员失职造成重大事故和经济损失的,除按法律规定承担其法律责任外,其行政、资质主管机关可视情节轻重,分别给予扣减监理服务费、责令停业整顿、警告、降低资质等级、吊销监理资格证书的处罚。"这实质上就是对监理工程师的权力和职责从外部加以约束和限制。除此之外,FIDIC 合同条件第 56 条在赋予监理工程师计量权力的同时,也对这种权力的应用给予了一定的约束。

三、计量工作管理

在明确计量的依据、职责和权限后,下面讨论计量的工作管理问题。我国公路工程施工监理的计量工作分为:驻地监理工程师办公室,高级驻地监理工程师办公室以及总监理工程师代表处三级管理程序。

计量工作主要由驻地监理工程师办公室承担,高级驻地监理工程师负责审核,总监理工程师代表处最后审定。高级驻地监理工程师与总监理工程师代表对驻地监理工程师的计量结果拥有充分的否决权。对于计量中的数量问题有权更改或责令驻地监理工程师进行复查。发现被计量的工程中存在质量问题有权责令承包人对缺陷部位返工或修补，并重新签发中间交工证书。

1. 驻地监理工程师对工程的计量

1）工程计量的组织类型

（1）监理工程师独立计量。计量工作由监理工程师单独承担，然后将计量的记录送承包人。承包人如对监理工程师的计量有异议，可在14天内以书面形式提出，再由监理工程师对承包人提出的质疑进行复核，并将复议后的结果通知承包人。

（2）承包人进行计量。由承包人对已完的工程进行计量，然后将计量的记录及有关资料报送监理工程师核实确认。

（3）监理工程师与承包人共同计量。在进行计量前，由监理工程师通知承包人计量的时间与工程部位，然后由承包人派人同监理工程师共同计量，计量后双方签字认可。如果承包人在收到监理工程师的计量通知后，不参加或未派人参加计量工作，根据FIDIC合同条件第56条的规定，由监理工程师派出人员单方面进行工程计量后，经监理工程师批准的计量应认为是正确的工程计量，可以用作支付的依据，承包人不能对此种计量提出异议。

上述3种计量方式各有不同的特点。由监理工程师独立计量，程序较为复杂，工程计量的结果被最后确认时间较长，同时占用较多监理人员。采用由承包人进行计量的方式可以减少监理人员的工作量，但对计量的现场控制不如其他两种计量方式。在我国的公路工程合同中主要采用由监理工程师和承包人共同计量的方式。这有利于消除双方的疑虑，当场解决分歧，减少争议，又能较好地保证计量结果的公正性和准确性，简化程序，节约时间。

2）现场计量的程序

对于签发中间交工证书的工程项目（或部位），首先由监理人员通知承包人计量的时间，并做好有关计量的准备工作，包括计量部位的图纸和其他有关资料，以及计量时所需仪器设备。采用监理工程师与承包人共同计量的方式，一般由监理工程师与承包人委派的负责计量支付的人员组成一个计量小组。小组人员按通知的时间到现场进行计量，然后将计量的记录（中间计量表）及有关资料报送驻地监理工程师核对确认。

3）填写中间计量表

中间计量表是计量的凭证，在进行现场计量时由计量人员填写，经监理工程师核对确认后，作为中期付款的依据。

2. 高级驻地监理工程师对计量结果的审查

高级驻地监理工程师对驻地监理工程师的工程计量进行全面审查，主要包括以下内容：

（1）计量的工程质量是否达到合同标准。审查计量项目的质量，一方面审查承包人的试验方法、过程和结果，以及驻地监理工程师的试验情况，此外还要由高级驻地试验室对一些工程项目进行复核试验。对审查过程中发现的未达到质量标准的项目，均需进行修补或返工，达到标准后再重新予以计量。

（2）计量的过程是否符合合同条件。计量的过程包括计量简图、计算供水及最终计算结果。发现计量过程的错误，高级驻地监理工程师办公室可以直接修正，或通知驻地监理工程师进行修正。

经高级驻地监理工程师审查后的计量结果报送总监理工程师代表处审定。

3. 总监理工程师代表处对工程计量项目的审定

总监理工程师代表处设置了专门负责计量支付的工程师，对全线各合同的工程计量进行审定。在审定过程中有权对计量的工程项目的质量进行抽验，抽验不合格的项目不予计量，对计量过程有错误的项目进行修正或不予计量。只有经总监理工程师审查批准的计量项目，才予以支付工程款项。

四、计量程序

1. 计量形象图

计量形象图是监理工程师对工程计量进行宏观控制和管理的有效手段。所谓计量形象图，就是将工程量清单中的项目和费用用绘图的形式表示出来，并随着计量工作的进行，将已被计量的部位在图中显示出来。这样，一方面可以避免出现清单中一些项目的重复或漏掉计量的现象，另一方面监理工程师可以根据形象图对工程计量项目进行宏观控制和管理。道路工程的计量形象图一般可分为总体形象图和单项形象图两种。

(1)总体形象图。道路工程的总体形象图通常包括平面形象图和纵断形象图。

平面形象图应在可以标注尺寸的平面图上绘制。为了清楚明了，纵、横坐标可以采用不同的比例，或采用示意的方式。包括以下内容：

①清理场地，移去表土及挖根的范围；

②取土坑、堆料场的位置及运输路线；

③涵洞、通道及桥梁平面位置及规模；

④结构物、线路变更位置与规模；

⑤植草皮的位置及范围；

⑥通信管理，中央分隔带的铺砌；

⑦钢护栏的位置和范围；

⑧隔离栅及线外工程；

⑨软基处理的段落和方式；

⑩电话平台的位置和数量。

纵断形象图采用纵横不同的比例，把在平面形象图中无法显示的内容在纵断形象图中表示出来，它与平面形象图构成一个整体，表示出各个进行计量的部位。因此，纵断形象图应当与平面形象图绘制在同一图上，互为对应，相互补充。纵断形象图包括以下内容：

①各段土方分层填筑情况；

②软基处理砂垫层厚度及塑板桩长度；

③涵洞、通道及桥梁位置；

④结构物变更位置；

⑤路面的底基层、基层、底面层、中面层、表面层的计量情况。

(2)单项工程形象图。在总体形象图中，有些计量部位，特别是桥梁工程，无论是在平面形象图中或在纵断形象图中都难以表示出来，因此需要绘制单项工程形象图，作为总体形象图的补充。桥梁工程单项形象图包括以下部位：

①灌注台、承台、盖梁位置和数量；

②桥面板的位置和数量;

③桥面铺装及伸缩缝;

④栏杆、安装。

2. 计量记录

计量记录与档案是计量管理中的一个重要内容,对于公路工程大型的复杂项目,要进行多次计量,将形成一系列的计量资料,只有在完善计量记录的基础上加强对计量的档案管理,才能使项目的计量工作顺利完成。

为了便于合同管理,正确评价工程和查询交流计量工作,必须加强工程计量(中间计量)档案管理。

计量应根据合同的要求做好记录。符合要求的记录应能说明哪些已经计量,哪些尚未计量;哪些已经签发支付证书,哪些尚未签发证书。计量时监理工程师还应完成以下工作:

(1)应有一套图纸(最好挂在墙上),用彩笔将所进行的工程的位置在图纸标示出来,并在适当的位置作详细补充说明,如工程的开始、结束及几何尺寸等数据,这将有利于做好计量记录。

(2)应有一套档案。包括计量证书的号码及所计量的数据。所有计量证书必须是承包人和监理工程师共同签署的,只有这样才能作为支付的凭证,防止超计漏计现象发生,减少由于计量不规范而产生的纠纷,公正地维护承包人和业主两方合法的经济利益。

(3)记录工程量清单中所列出的分类细目的数量与计量后数量的差异及双方同意的任何进度支付证书应付的款项。

(4)对计日工应记录在有号码的计量证书上,并由承包人代表及监理工程师代表共同签名。计日工应详细记录:

①记录已指令进行的这项计日工的估计数量和付款金额(已获同意),记录计日工已完成的数量及付款金额。

②如果计日工的时间超过1个月,应在暂时计量单上计账,并在计量证书上另立系列号码,这些记录应与累计账册一同归档;记录已同意的计日工单价、付款的金额、付款报表号码。

③工程变更应记录已下达的变更指令依据、已同意的单价和价格调整,增加费用的计量证书应另编系列号码分开存档。

④对于现场存放的材料应每月计量记录一次,其计量表中应记录已发到现场的材料的种类和数量及这些材料的发票面值;已计量的数量应记录每一次报表中的预付金额及回收金额,材料计量证书应另编系列号码,并应与发票及所有材料的累计账册一同归档。

3. 计量分析

为了搞好计量的管理工作,除明确分工和加强记录与档案的管理外,还应加强计量分析,一方面及时发现计量工作中的问题,另一方面及时掌握工程进度,为进度监理和费用支付提供基础。为了便于计量的分析和管理,计量的表格应统一,使其标准化和规范化,监理工程师应该设计好计量表格让承包人和具体从事计量的人员按此填写,这便于采用计算机辅助计量和进行计量分析。

计量分析时一方面应对照原工程量清单和设计图纸进行分析,将实际工程量与清单工程量进行对比,发现偏差并分析偏差的原因;另一方面以计量的工程量为依据,计算出实际进度,将实际进度与批准的计划进度比较,发现进度偏差并找出原因,从而采取措施改进。

此外,还应对计量的方法是否恰当,计量的结果是否准确以及是否有质量不合格的工程等进行分析,通过分析找出是否有多计、错计的部分。

五、计量的方法

1. 计量的原则

根据《公路工程施工监理规范》的规定,进行工程计量时应遵循以下原则:

(1)不符合合同文件要求的工程,不得计量。

(2)按合同文件所规定的方法、范围、内容、单位计量。

(3)按监理工程师同意的计量方法计量。

2. 计量的时间要求

根据合同规定监理工程师应及时对已经完成且质量合格的工程细目进行计量,并且对一切进行中的工程,均须每月粗略计量一次,到该部分工程完工后,再根据规范的条款进行精细的计量。每月进行计量的目的是掌握工程进度情况及核定月进度款(即中期支付证书),为此,监理工程师一般需填制"中间"计量单。

对于隐蔽工程,则需在工程覆盖之前进行计量。否则,在覆盖后再进行计量将使工作更复杂和更困难。

3. 计量单位与计量精度

计量单位分两类,一类是物理计量单位,一类是自然计量单位。物理计量单位以公制计量,自然单位通常采用十进位自然数计算。

对于物理计量单位,其中长度常用米、延米、千米,面积常用平方米、平方千米、公顷,体积常用立方米、立方千米,重量常用克、千克、吨;自然计量单位常用个、片、座、株,而时间单位常用日、星期、月、年等。

关于计量精度,为方便起见,浮点数一般四舍五入至小数点后恰当的位数。应对不同的细目分别作出统一的规定。

虽然这个问题比较简单,但实际工作中,常常出现计量名称、符号及取位错误和不规范等问题。同时,应该注意的是,各细目的计量单位必须与工程量清单中所用单位一致。特别应予强调的是,FIDIC 合同条件规定,所有计量都以净值为准。

4. 计量的方法

根据技术规范、工程量清单和合同条款的有关规定,公路工程施工监理一般采用以下方法进行计量:

(1)断面法。断面法主要用于计算取土坑和路堤土方的计量。在土方施工前每 50m 测出一个地形断面,然后将路堤设计断面画在地形断面上,每次计量时测出完成的路堤顶高程,据此,在断面图上计算完成的工程数量。

(2)图纸法。在 FIDIC 条款(国际范本)和《公路工程国内招标文件范本》技术规范中的计量支付条款规定,一些工程的数量应根据图纸法进行计量,例如混凝土的体积、钢筋的长度、钻孔灌注桩的桩长等都应该按图纸法计量。

值得指出的是,对于采用图纸法计量的项目,必须进行现场量测,量测的目的在于检查结构物几何尺寸的偏差是否在技术规范允许的误差范围内。达到规范标准的项目或部位才予以计量。

(3)钻孔取样法。钻孔取样法主要用于道路面结构层的计量。根据技术规范有关条款规定,路面结构层的计量按平方米计,但必须保证结构层的设计厚度,因此采用钻孔取样法确定结构层的厚度。

(4)分项计量法。所谓分项计量法,就是根据工序或部位将一个项目分成若干子项,对完成的各子项进行计量支付。子项计量支付的金额,根据估算的子项占总项的比例而定,但各子项合计的支付金额应等于项目规定的金额。

(5)均摊法。所谓均摊法,就是对清单中的合同价按合同工期每月平均计量。它适用于临时道路、桥梁的修建和养护,办公室的维修以及测量设备的保养等清单项目。这些项目的特点是在合同工期内每月都有发生,因此可以采用均摊法。

(6)凭证法。所谓凭证法就是根据合同中要求承包人提供的票据进行计量支付。例如,工程险和第三者责任险的保险费,以承包人每次实际交付费用的凭证或单据进行计量支付。

(7)估价法。所谓估价法,就是按合同文件的规定,根据监理工程师估算的已完成的工程价值支付。如为监理工程师提供办公和生活设施、用车以及测量、天气记录和通信设备等项目。这类清单项目往往要购买几种仪器设备,当承包人对于某一清单项目中规定购买的仪器设备不能一次购进时,则需采用估价法进行计量支付。其计量过程如下:

①按照市场的物价情况,对清单中规定购置的仪器设备分别进行估价。

②按下式计算支付金额:

$$F = A \times \frac{B}{D}$$

式中:F——计算支付的金额;

A——清单中所列该项的合同金额;

B——该项实际完成的金额(按估算价格计算);

D——该项全部仪器设备的总估算价格。

从上式可知:该项实际完成金额 B 必须按估算各种设备的价格计算,它与承包人购进的价格无关。估算的总价与合同工程量清单的款额无关。当然,估价的款额与最终支付的款额无关,最终支付的款额总是合同清单中的款额。

5. 计量细则概述

计量细则主要在技术规范的有关内容和工程量清单的前言中明确给予规定。在进行计量时必须遵守其要求,而且在不同的合同中,这些计量细则会有差别(即使对同一工程内容)。因此,必须严格按本合同计量细则的规定进行计量,不能按习惯计量方法,也不能按别的计量细则。

如同样是压实土方的工程,京津塘高速公路计量细则规定,填方的体积是以测量的地面标高为标准的设计断面的净体积;而济青公路计量细则中规定其体积以测量的地面标高与标准设计断面加上监理工程师指定宽度的体积;在 FIDIC 条款(国际范本)的计量细则中规定,应以承包人施工测量并经监理工程师校核批准的横断面地面线为基础,按图纸中的典型断面所绘制的由监理工程师审核批准的横断面施工图为依据进行计算。

• 第四节 工程费用支付 •

一、支付的职责与权限

FIDIC 合同条件下的工程费用支付就是承包人向监理工程师提出付款申请，监理工程师审核后开出付款证书送交业主，业主在规定时间内向承包人付款的过程。

毫无疑问，工程费用支付既是工程费用监理的最后一道程序，也是监理工程师进行合同管理的最后一个环节，因此，它就成为最终落实业主与承包人经济利益的关键工作。由于 FIDIC 合同条件下的工程支付与一般工程支付相比，在支付的范围、条件和方式等方面都存在很大差别，所以，为了有效地搞好整个监理工作和圆满地完成费用监理任务，必须根据合同条件的规定明确监理工程师在工程费用支付中的职责与权限。

1. 工程费用支付的职责

监理工程师在工程费用支付中的职责就是定期审核承包人的各类付款申请，为业主提供付款凭证，从而保证业主对承包人的支付公平合理。具体来说，监理工程师的主要职责就是审核和开具付款证书。一方面，他必须按时处理承包人的付款申请，以便承包人能够及时获得各种应收的款额；另一方面，他必须根据合同文件的要求和原则进行审核，向业主证明承包人在每一阶段所完成各项工作的实际价值，为业主所支付的每一笔资金严格把关。总之，监理工程师只有站在公正的立场上才能确保业主和承包人双方的利益。

2. 工程费用支付的权力

FIDIC 合同条件涉及监理工程师在工程费用支付方面权限的内容很多，相关条款对每一支付项目都赋予了监理工程师相应的权力，现简要归纳如下：

(1)审查、签发中期支付证书，合同得到正常履行的最终支付证书以及合同中止后任何款项的支付证书。

(2)对不符合技术规范和合同条件要求的工程细目和施工活动，有权暂时拒绝支付，待上述细目和活动达到要求后才予支付。

(3)具有对合同价格进行调整的权力。在合同执行期间，由于下述两种情况可能导致工程费用发生变化(增加或减少)，一是后续法律、法令、法规和条例的使用，二是资源价格的涨落。无论出现哪一种情形，监理工程师都必须与业主和承包人协商，以确定新的合同价格。

(4)具有确认工程变更和索赔所产生费用的权力。这主要是指确认工程变更的单价和索赔细目的单价与费率的权力。

(5)其他有关支付方面的权力。例如，下令使用计日工，动用暂定金额以及有关保留金、提前竣工奖金支付等方面的权力。

3. FIDIC 合同条件中有关工程费用支付的分类条款

由于工程承包是一种商业行为，而商业行为的特点是不管该商业活动要经历多少中间环节，其最终目标就是当事双方的经济利益，所以，从整体上来说，FIDIC 合同条件的所有条款就都与工程费用的支付有关，因此，监理工程师只有在实际工作中全面掌握并融会贯通，才能搞好支付工作。下面从支付这个角度将直接涉及工程费用监理的条款作如下分类：

(1)主体条款:通用条件第12、52、59、60、64、66、70条共7条,其中第60条直接以支付条款出现,明确规定了支付程序、时间和种类,是支付的核心条款。

(2)配合条款:通用条件第10、15、44、47、48、49、50、51、58、62、65共11条,它们与上述7条紧密配合,以便监理工程师明确运用。

(3)其他零星条款:除上面所列条款外,还有许多与支付有关的内容,例如,6.4关于图纸延误所造成的费用,14.3关于现金流动估算的提交,17.1关于放样所产生的费用以及18.1,19.1,20.2,20.3,21.1,22.1,22.3,23.2,24.1,25.2,25.3,25.4,26.1,27.1,28.1,28.2,30.1,30.2,30.3,31.2,36.2,36.3,36.4,38.2,39.2,40.2,40.3,42.2,42.3,46.1,53.5,54.6,63.2,63.3,69.4,71,72等共计28条43款。

FIDIC合同条件72条中有46条与支付有关,占64%,由此可以看出,FIDIC合同条件的指导思想是以支付作为核心控制手段,通过对费用支付的有效控制来保证工程施工合同的全面履行。

4. 支付的原则

工程费用支付的目标是组织和协调好业主与承包人之间的收支行为,使双方发生的每一笔工程费用都符合合同的规定,并做到公平合理。为了实现公平合理这一目标,监理工程师在工程费用支付中必须站在公正的立场上,一方面客观、准确地评价承包人的施工活动,仔细地计算各项工程费用,并及时地签发付款证书,从而使承包人及时得到补偿,另一方面使已支出费用的业主能按时得到质量合格的工程实体。由此可见,监理工程师在工程费用支付工作中责任重大,为了真正做好这一工作,他必须遵循以下几个基本原则。

1)支付必须以工程计量为基础

对于单价合同,计量是支付的基础,亦即没有准确的计量就不可能有准确的支付。由于工程计量必须以质量合格为前提,所以工程费用支付就必须在质量监理和准确计量的基础上进行。因此,在进行支付时,应当对这两个环节的工作进行严格检查和认真分析,以确保费用支付准确可靠。

2)支付必须以技术规范和报价单为依据

(1)技术规范。在技术规范中对每一章的每一节都有支付的规定,详细说明了各工程细目的工作内容以及要求,对哪些内容不单独计量和支付,其价值摊入到哪一细目中,都具体作了规定。同时,在技术规范中还对每一工程细目的支付项目进行了划分。因此,技术规范既是承包人报价时的指导文件和依据,也是监理工程师支付工程费用的指导文件和依据,进行工程费用支付时,必须认真细致地阅读和理解技术规范。

(2)报价单(即有标价的工程量清单)。工程量清单经承包人填报价格后就成为报价单,报价单是费用支付时的单价依据。对于报价单中没有单价的工程细目,其单价为零,但承包人必须完成技术规范和图纸所规定的全部工作内容并达到规定的要求。因为根据技术规范的规定,对于没有单价的工程细目,其费用已摊入到其他细目的单价之中。对于有单价的工程细目,则以此单价支付工程费用,但应该注意其单价的包容程度。同时,报价单中的单价是不能变动的,除非发生工程变更。单价的包容程度一方面是指单价的价值构成,另一方面是指单价所含的工程或工作内容。单价的价值构成是指完成该细目所需的人工费、材料费、施工机械使用费、管理费、利润、税金等都已含于单价之中。单价包含的工程或工作内容是指该细目的单价按规定应包含的内容。报价单中的单价一般是成品单价，也就是按成品计价，它包含了完成该产品所必需的生产条件和设施，如有关临时工程及必需的施工准备活动和其他必需的一些生产环节等。这在技术规范中会详细规定。因此，支付工程费用时，必须将报价单与技术规范联系在一起，确保支付准确。

3）支付必须及时

支付是资金运动中的关键环节，而资金的本质特征之一就是具有时间价值，因此，资金运动的内在规律和特征要求监理工程师按时签认和支付工程费用。

同时，工程施工活动的特点决定了要进行月进度款的支付，支付月进度款的原因在于施工生产需要占用大量的资金，而承包人无法也不愿垫付如此巨大的资金。因此，监理工程师必须按时组织工程费用的支付。

除此外，及时支付工程费用既是合同本身的要求，也是财务部门和银行结算的要求，工程费用结算必须由监理工程师出具其签认的支付证书，否则无法结算。

4）支付必须以日常记录和合同条款为依据

就一个工程的整体支付来说，除了工程量清单内的常规支付外，还有很多工程量清单外的工作内容需要支付，而这些支付内容往往是招标时无法准确估计或者根本不能预计的，所以无法在工程量清单中予以列明。但是，这些方面的支付又是工程支付中极其重要的内容，通常要花费监理工程师大量的精力。因此，监理工程师只有将合同条款规定的原则与工程实施中的日常记录结合起来，才能搞好这方面内容的支付工作。

5）支付必须遵循严格的程序

为了确保工程费用支付的合理性和准确性，每个工程项目的合同文件都将对支付程序作出严格的规定。这些程序规定了各项费用的支付条件、支付方法和申报、计算、复核、审批的具体要求，因而，从组织上和技术上确保支付的质量。例如，FIDIC 合同条件第 51 条规定，承包人在没有得到监理工程师的变更指令前，不得对工程进行任何变动。因此，未经监理工程师的批准，对任何施工项目的改变都是不允许的，不管这种改变是否必要，一律不予进行任何支付。总之，工程费用支付必须遵循严格的程序。

二、支付的分工与管理

1. 支付的分工

就一个监理机构的组成人员而言，一般配有项目工程师（道路工程师、结构工程师、材料工程师等）、合同工程师以及计量与支付工程师。显然，计量与支付工程师则分工负责支付工作。他首先应当贯彻以费用支付为核心手段来进行全面控制的指导思想，制定各工程细目的支付控制目标，将本合同段的支付额较好地控制在合同价款的范围内。其次应在工程费用预算和本合同段工程费用分析的基础上，明确费用支付重点，并责任到人，从而同驻地的所有监理人员一道，互相协作，共同搞好支付工作。最后，他应当在严格审查和反复核对后，形成一套完整的支付材料报送高级驻地监理和总监代表处。

2. 支付的管理

由于支付工作非常重要，且又需要大量的资料和表格，工作十分繁杂，所以必须加强对支付工作的管理。支付管理应重点抓好两方面的工作，一是建立支付的管理制度和各级支付人员的岗位责任制，二是定期对支付工作进行检查和考核。

就第一个方面而言，我国的公路工程建设项目普遍采用三级管理模式，即驻地监理的一级管理、高级驻地监理的二级管理及总监代表处的三级管理。

1）驻地监理工程师对支付的管理

（1）审查承包人的付款申请。主要内容有：①审查付款申请中的各项款额的依据；②核对付款申请单中的单价是否与工程量清单和工程变更清单相符；③核实到达现场的材料规格和质量是否符合规范的要求，数量是否与现场的数量相符以及检查材料的存放条件；④审查工程质量。

（2）编制付款证书。驻地监理工程师完成上述审查和检验之后编制付款证书，报送高级驻地监理工程师审核。

2）高级驻地监理工程师对支付的管理

（1）审核付款项目的质量。高级驻地监理工程师在审核付款证书时首先要审查付款项目的质量，并有权对付款项目的质量进行复查，对质量不合格的项目拒绝支付。

（2）审查材料预付款的支付情况。高级驻地监理工程师对材料预付款的审查主要是宏观控制，根据承包人的施工计划，审查运到现场的材料是否合理。

（3）审查付款证书的各个细目。高级驻地监理工程师对付款证书的细目都要进行审查，对支付项目中有误的数量、金额进行修正。高级驻地监理工程师将审查后的付款证书送总监理工程师代表处审定。

3）总监理工程师代表处对支付的管理

总监理工程师代表处有权抽检任何支付项目的工程质量，同时对付款证书享有充分的否决权，即对工程质量不合格的支付项目或不符合支付条件的项目一律予以拒付。经总监理工程师代表处审定后的付款证书才能作为业主支付工程款项的凭据，业主据此向承包人支付工程款项。

另一方面，通过对支付工作进行定期检查、考核和对工程费用的动态进行全面分析，可及时发现存在的各种问题，对违反支付管理制度的工作人员作出严肃处理。

总之，支付是一项综合性非常强的工作，必须在质量监理和计量管理的基础上进行综合管理。由于支付工作涉及大量的报表和资料，工作任务繁重，所以为了让监理工程师从重复性很大的资料整理工作中解脱出来，应注重更新支付管理的技术手段，使表格和报表标准化，全面推进计算机辅助支付管理工作，以提高支付的准确性和工作效率。

三、支付的种类

在工程费用监理中，监理工程师处理的费用支付种类很多，而不同种类的支付有不同的规定程序和办法，因此，监理工程师必须全面了解支付的分类。

1. 按时间分类

按时间分类，工程费用支付可分为前期支付、中期支付以及最终支付 3 种。

（1）前期支付。前期支付有动员预付款、履约保函手续费和保险手续费 3 种。其中动员预付款是由业主提供给承包人的无息款项，按一定条件支付并扣回。

（2）中期支付。中期支付有工程款、暂定金额、计日工、材料设备预付款、工程变更、保留金、索赔、价格调整、迟付款利息、对指定分包人支付、合同中止后支付以及工程交工支付等项目。中期支付按月进行，由监理工程师开出中期支付证书来实施。

(3)最终支付。最终支付是业主与承包人之间的最后一次结算。监理工程师应确认承包人的遗留工程及缺陷工程已完成并达到规范标准后，签发最终支付证书。

2. 按支付内容分类

按支付内容可分为工程量清单内的付款和工程量清单外的付款，即所谓的清单支付和合同支付。工程量清单内的支付就是监理工程师首先按照合同条件、技术规范和工程量清单的有关规定进行计量，确认已完的实际工程量，然后根据已确认的工程数量和报价单中的单价，计算和支付工程量清单中各项工程费用，因此简称为清单支付。工程量清单之外的支付就是监理工程师按照合同条件的规定，根据日常记录、现场实证资料和工程实际进展情况，计算和支付工程量清单以外的各项费用，故简称为合同支付。

清单支付在支付款总额中所占比重很大，是主要支付，但在合同文件中规定得比较明确，因而操作起来比较容易。合同支付虽然占的比重比较小，但支付难度较大，这是因为合同文件中无法对这些支付项目作出准确估计和详细规定，它们的发生取决于多方面的情况，例如，工程施工过程中本身遇到的客观意外和工程管理中发生的各种问题，以及法规变更、物价涨落等政治和社会环境的影响。由此可见，合同支付是否合理和准确，就完全取决于监理工程师对合同条件的正确理解以及是否及时掌握了现场实际情况。

3. 按工程内容分类

按工程内容可分为路基土方工程、路面工程、桥梁工程、防护工程等进行支付。

4. 按合同执行情况分类

根据合同执行情况分为正常支付和合同中止支付两类。正常支付是指业主与承包人双方共同努力使整个合同得以顺利履行而产生的支付结果。合同中止支付是指由于工程遇到战争、骚乱等合同规定的特殊风险、承包人违约以及业主违约等原因导致合同无法继续履行而出现的支付结果。无论何种原因导致合同中止，监理工程师都应按照合同条件、技术规范等有关文件的规定处理好各项费用的支付。

四、支付的程序

1. 有关支付的几项基本规定

1)支付时间

总的原则是按合同规定的时间支付。FIDIC 合同条件第 60 条第 10 款规定，业主收到监理工程师提交的中期付款证书的 28 天内或最终支付证书的 56 天内应向承包人付款，否则将要支付延期付款利息。如果某一项工程的合同条件对这两个规定时间作了修改，则以修改的时间为准。例如，FIDIC 条款(国际范本)就采用了 FIDIC 合同条件规定的时间，而《公路工程国内招标文件范本》规定的中期支付和最终支付时间分别为 14 天和 28 天，京津塘高速公路项目采用的中期支付和最终支付时间分别为 45 天和 56 天。

2)支付的最低限额

在 FIDIC 合同条件第 60 条第 2 款关于月支付的规定：如果每月支付的净金额少于投标书附件中列明的中期支付证书的最低金额，则该月监理工程师可不核证支付，上述款额将按月结转,直至累计应支付的款额达到投标书附件中列明的中期支付证书的最低金额为止。公路招投标项目中一般规定每月支付金额不低于合同总价的2%。

3)支付范围

监理工程师对所有到期并符合合同要求的工作内容都应计价支付。

4)支付方法

根据清单支付和合同支付的特点和支付要求分项、分类计算,汇总后再扣减承包人对业主的支付。首先将工程量清单中的内容,按各工程细目的支付项目分项计算,将合同支付项目按类计算,然后汇总各分项和各类金额。按规定比例扣减承包人对业主的支付主要是3种:扣回动员预付款和材料预付款,扣留保留金。

5)支付货币

如果属于国际招标项目,工程费用中外币种类以及人民币与外币的比例应按补充资料表(即投标书附表)所列的种类和比例确定。值得指出的是,补充资料表对工程费用的支付具有重要的参考价值,它既规定了外汇需求估算量和明细项目,又有合同支付计划表和价格调整指数表。因此,监理工程师进行工程费用支付时,应认真阅读补充资料表中的内容。

2. 工程支付程序

1)中期支付程序

(1)中期支付申请。承包人应通过监理工程师向业主提出付款申请。申请的形式就是填报月报表或月结账单。承包人的月报表应列明他在这个月应收取的金额。通常包括:已完成的永久工程的价值,承包人的设备、临时工程、计日工等的款额,材料和待安装工程装置的价值的分期付款,价格调整的款项,按合同规定其他有权获得的其他任何金额(如索赔和迟付款利息)。应当注意的是,申请中涉及的表格形式须经监理工程师认可。

(2)中期支付申请的审定。监理工程师应在合同规定的时间内对承包人的付款申请完成以下几个方面的审定:

①申请的格式和内容应满足合同要求。

②各项资料、证明文件手续齐全。

③所有款项计算与汇总无误。

④审核中若发现所列出的数量不正确或者任何一个工程项目的质量不符合要求,则调整承包人的月报表。

(3)中期支付证书的签发。监理工程师审核并修正承包人的支付申请后,计算付款净金额。计算付款净金额时,将需扣留的保留金和扣回的预付款从承包人月报表中应得的金额中扣除。

将付款净金额与合同中规定的临时支付的最小限额比较。若净金额小于最低金额,不签发支付证书;若净金额大于最小限额,监理工程师应向业主签发中期支付证书,副本抄送承包人。

除了特殊项外(如计日工、暂定金额、费用索赔等),监理工程师签发的中期支付证书中的支付数量应基本正确。

监理工程师可通过任何一期中期支付证书,对已支付工程发现的问题或已颁发的支付证书的错误进行纠正。

2)最终支付程序

(1)最终支付申请。承包人应在合同规定的时间内向监理工程师提交最终支付申请。

(2)最终支付申请的审定。监理工程师应在合同规定的时间内,完成对最终支付申请的审定,包括以下几方面内容:

①申请的格式和内容,应满足合同规定及监理工程师的要求。

②相应的系列结算清单,必须齐全、完整,相互关系清晰。

③相应的系列证明资料有监理工程师的签字认可。

④确认所有的计量与支付均没有遗漏、重复,计算准确,汇总无误。

若审查中发现还有能够确认的费用,应及时通知承包人。

五、支付证书

支付证书和一系列支付报表是监理工程师在工程费用监理工作中所做各项工作的最终体现,它们相互联系,反映了施工过程中各种费用的实际支付状况。

支付证书由监理工程师提交给业主,它是业主向承包人付款的唯一凭据。支付证书分为两类:一类是在工程实施过程中大量出现的中期支付证书,通常每月一次;另一类是几乎只使用一次的最终支付证书。虽然动员预付款也需要监理工程师开具支付证书,但它只是一个单项且很简单,按其支付条件开出即可。

1. 中期支付证书

根据合同条件的规定,为了确保承包人能按时获得工程进度款,监理工程师应及时开具中期支付证书送交业主。开具中期支付证书时,需要做大量细致的工作,要填报一系列的表格,并且有一定的时间限制。因此,监理工程师必须十分熟悉计量和支付业务,做到按合同文件的规定对每一笔支付费用进行严格把关。开具中期支付证书的首先是由承包人提交月结账单,但月结账单的格式须由监理工程师设计或指定,以便于统一管理,特别是计算机编程管理;其次是监理工程师结合自己掌握的情况,根据合同文件规定对承包人的月结账单进行全面审核;最后开出中期支付证书。

1)承包人提交的月结账单的内容

承包人应在每月末向监理工程师提交由其项目经理签署的按监理工程师批准格式填写的月结账单(即中期支付申请书)一式6份,该结账单包括以下栏目,承包人应逐项填写清楚:

(1)自开工截至本月末止已完成的永久工程价款,即以工程量清单中所列单价乘以监理工程师按FIDIC条款(国际范本)和《公路工程国内招标文件范本》中通用条件第56条第1款所计量的工程数量;

(2)自开工截至上月末已完成的(已支付的)永久工程价款;

(3)本月完成的(应支付的)永久工程价款;

(4)上述项中所用的人民币与外币的比例,按投标书补充资料表所示的百分比确定;

(5)本月完成的临时工程价款(工程量清单中列明的);

(6)本月完成的以计日工支付的工程价款(截至本月末金额减去截至上月末金额,外币比例按计日工明细表所列);

(7)本月应支付的暂定金额;

(8)本月应支付的已进场将用于和安装在永久工程中的材料、设备预付款;

(9)承包人有权得到的按合同规定的其他款项;

(10)费用和法规的变更产生的款额,主要指价格调整;

(11)本月应扣留的保留金和扣回的材料、设备预付款及动员预付款额;

(12)本月应扣除的拖期违约损失偿金;

(13)根据合同规定,本月应扣除的其他款项。

2)监理工程师审核并开出证书

根据 FIDIC 条款(国际范本)和《公路工程国内招标文件范本》中通用条件第 60 条第 2 款的定,监理工程师应该在收到上述结账单的 28 天(或 14 天)内,完成对结账单的项目和款额的审查并签发中期支付证书。

由于承包人在提交月结账单时附有各种与支付有关的报表,而且监理工程师对有关内容也有自己相应的记录,所以他可以结合各方面的情况和要求进行全面审核。监理工程师的审核首先是看承包人的申报材料手续是否完善,所申报工作内容是否已经完成且质量合格,其次是逐项审查和分析各项支付项目,对各支付项目的金额进行反复核算,特别是对于一些暂定的支付内容应做详细记录,例如对于有争议的索赔、变更费用以及价格调整费用,为了不影响按时开出中期支付证书,通常可先由监理工程师确定一个合适的数额进行暂时支付,待该项支付完全确定后再进行准确的计算和支付。

在核定了承包人应得的金额后,再计算按合同要求需要扣回和扣留的预付款和保留金,最后计算出此次中期支付证书应支付给承包人的净金额。如果此净金额少于投标书附件中列明的中期支付证书的最低金额,则该月监理工程可不核证支付,上述款额将按月结转,直至累计应支付的款额达到投标书附件中列明的中期支付证书中的最低金额为止。

2. 最终支付证书

最终支付证书是监理工程师在执行和管理某一合同时所开出的最后一份支付证书,它将对业主和承包人之间的费用作最后结算。在开出最终支付证书过程中,监理工程师的主要工作是认真细致地审查承包人的最后结账单,对以往各期的中期支付证书进行全面清查,对各支付项目进行分类汇总,确定业主和承包人双方应找清的款项以及该合同的实际总金额。

1)承包人提交最后结账单和清账书

(1)最后结账单。根据 FIDIC 条款(国际范本)和《公路工程国内招标文件范本》中通用条件第 60 条的规定,在发出缺陷责任证书后的 56 天(或 28 天)之内,承包人应以监理工程师批准的格式向监理工程师提交一份最后结账单草案,并附有详细的证实文件,供监理工程师审查,最后结账草案中应列明:

①根据合同规定已经完成的全部工程的价值。

②承包人根据合同规定认为应该付给他的任何进一步的款项。

如果监理工程师不同意或者不予核证最后结账单草案的任何一部分,承包人应按监理工程师的合理要求,提交进一步的资料,并对最后结账单草案做出他们之间协商意见的修改,然后由承包人编制,并向监理工程师提交双方同意的最后结账单。

(2)清账书。在提交最后结账单时,承包人应给业主一份书面清账书,并抄送监理工程师,确认最后结账单中的总金额代表了根据合同规定应付给承包人的全部款项的最后结算。但是该清账书只有在最终支付证书中的应付款已经支付,履约担保金已经退还给承包人之后才生效。

2)监理工程师审核并开出最终支付证书

在最后结账单和清账书收到28天(或14天)之后,监理工程师经过审查认为无误后,应向业主发出一份最后支付证书,并给承包人一份复制件,最终支付证书应说明:

(1)监理工程师认为根据合同规定的最后应付的款额。

(2)监理工程师在对业主以前所付的全部款额和业主根据合同规定应得的全部款项予以确认后,表明业主欠承包人或承包人欠业主的差额。

3. 支付期限

根据两个范本的合同通用条件的规定,监理工程师签发的任何中期支付证书中应付给承包人的款额,业主应该在该中期支付证书收到后28天(或14天)之内核批,并通知经办银行支付给承包人;或者是最终支付证书中应付给承包人的款额,业主应该在最终支付证书收到后56天(或28天)之内核批并通知经办银行支付给承包人。如果业主在上述期限内未能付款,则业主应按投标书附件中规定的利率向承包人支付全部未付款额的利息,付息时间从应付而未付该款额之日算起。

值得强调的是,如果所在工程项目的合同条件对中期支付和最终支付的支付时间另有规定,则以所规定的时间为准。

4. 两类支付证书的差别

尽管中期支付和最终支付两类付款证书都是由监理工程师开出的,并用以证明业主和承包人之间的经济往来关系,但两者有较多的不同之处,主要体现在如下几个方面:

1)支付的时间长度不同

中期支付证书是在工程进行过程中的证书,办理进度款的支付,所包含的时间长度一般只有1个月。最终支付证书是在缺陷责任期满后颁发的证书,处理业主和承包人之间的最后一次费用支付,经历的时间从开工起至缺陷责任期满止,因此,最终支付证书要概括所有中期支付证书所包含的时间长度,是对所在合同工程费用支付全过程的总结。由此可见,在支付的时间长度方面这两者的差别最明显。

2)要求的精度不同

中期支付证书具有临时性,如果开出之后发现其中有错,监理工程师可以通过后续的中期支付证书予以修正,一般不会带来什么不利影响,所以其支付额的精度要求相对要低一些。然而,最终支付证书是合同双方的最后一次结算,如果出错没有时间和机会来加以修正,因此必须保证准确无误。

3)支付的内容有差别

中期支付证书中可以进行暂定支付,例如索赔费用,通常争议较大,处理时间较长,因此,若出现整项索赔短期内难以结案的情况,则监理工程师可将其已经认可的那一部分费用通过中期支付证书支付给承包人;又如工程变更和价格调整,如果当时难以取得一致,而涉及的费用又较大,则监理工程师也可以根据合同条件的规定确定暂时支付的款额,以减少承包人的资金周转压力。最终支付证书中则不允许出现这些内容,它必须对所有各期中期支付证书进行清理,对这些暂定支付项目作全面清算,从而确定整项索赔和变更以及价格调整等的最终款额。此外,中期支付证书中有动员预付款、材料预付款、计日工和保留金等支付项目,而最终支付证书中却没有这些内容。

由于最终支付证书处理业主和承包人之间的最后费用结算事宜,所以要求监理工程师重点注意两个方面的问题：一是以中期支付证书为基础，在签收最终支付证书前，处理好所有有争议的款项，特别是争议较大的索赔费用应引起高度重视，尽早解决；另一方面，最终支付证书的签发过程既是监理工程师全面清理和准确地核定实际费用的过程，也是对支付工作进行全面总结和审核的过程。因此，监理工程师必须在十分熟悉和准确掌握合同规定的基础上，严肃认真地做好最终支付证书的各项基础性工作。

总而言之，最终支付证书无论是在精度、广度和时间上还是在支付程序和所需资料方面，都与中期支付证书存在着较大差别。

复习思考题

1. 何谓公路工程费用？有何特点？
2. 费用监理的原则和方法是什么？
3. 工程量清单包括哪些内容？有何特点？
4. 计量的方法有哪些？
5. 支付的原则是什么？种类有哪些？

第十章

公路工程质量管理

教学要求

1. 解释公路工程质量的概念；
2. 描述公路工程质量管理体系；
3. 描述质量体系认证制度；
4. 描述政府对公路工程质量的监督管理；
5. 说明公路建设行为主体的质量责任与义务；
6. 描述公路工程质量缺陷与质量事故的处理。

●第一节　概　　述●

一、公路工程质量的概念

公路工程质量有广义和狭义之分。从狭义上说,公路工程质量仅指工程实体质量,它是指在国家现行的有关法律、法规、技术标准、设计文件和合同中,对工程的安全、适用、经济、美观等特性的综合要求。广义上的公路工程质量还包括工程建设参与者的服务质量和工作质量。它反映在他们的服务是否及时、主动,态度是否诚恳、守信,管理水平是否先进,工作效率是否很高等方面。它又可分为政治思想工作质量、管理工作质量、技术工作质量和后勤工作质量等。应该说,工程质量的好坏是决策、计划、勘察、设计、施工等单位各方面、各环节工作质量的综合反映。现在,国内外都趋向于从广义上来理解公路工程质量,但本书所指的公路工程质量主要还是指工程实体本身的质量,即狭义上的公路工程质量。

影响工程质量的因素很多,如决策、设计、材料、机械、地形、地质、水文、气象、施工工艺、操作方法、技术措施、人员素质、管理制度等等,但归纳起来,可分为5大方面,即通常所说的"4M1E":人、机械、材料、方法和环境。在公路工程建设全过程中严格控制好这5大因素,是保证公路工程质量的关键。

二、公路工程质量管理体系

公路工程质量的优劣直接关系到国民经济的发展和人民生命的安全,因此,加强工程质量的管理,是一个十分重要的问题。根据有关法规规定,我国建立了对公路工程质量进行管理的体系,它包括纵向管理和横向管理两个方面。

纵向管理是国家对工程质量所进行的监督管理，它具体由建设行政主管部门及其授权机构实施，这种管理贯穿在工程建设的全过程和各个环节之中，它既对工程建设从计划、规划、土地管理、环保等方面进行监督管理，又对工程建设的主体从资质认定和审查，成果质量检测、验证和奖惩等进行监督管理，还对工程建设中各种活动如工程建设招投标、工程施工、验收、维修等进行监督管理。

横向管理包括两个方面，一是工程承包单位，如勘察单位、设计单位、施工单位自己对所承担工作的质量管理。它们要按要求建立专门质检机构，配备相应的质检人员，建立相应的质量保证制度，如审核校对制、培训上岗制、质量抽检制、各级质量责任制和部门领导质量责任制等。二是建设单位对工程的管理。它可成立相应的机构和人员，对工程的质量进行监督管理，也可委托社会监理咨询单位对工程的质量进行监理。现在，世界上大多数国家都推行监理制，我国也正在推行和完善这一制度。

第二节　质量体系认证制度

《建筑法》规定：国家对从事建筑活动的单位推行质量体系认证制度。从事建筑活动的单位根据自愿原则可以向国务院建设行政主管部门或其授权部门认可的认证机构申请企业质量体系认证。经认证合格的，由认证机构向该企业颁发企业质量体系认证证书。

一、质量保证体系认证的标准

1987 年 3 月，国际标准化组织（ISO）正式发布 ISO 9000《质量管理和质量保证》系列标准，受到世界各国欢迎，已为各国所广泛采用。

1992 年，我国也发布了等同采用国际标准的 GB/T 19000 ~ ISO 9000《质量管理和质量保证》系列标准，它们既可作为生产企业质量保证工作的依据，也是企业申请质量体系认证的认证标准。如双方同意，它也可作为供需双方对产品质量的认证标准。

我国等同采用 ISO 9000 系列标准制定的 GB/T 19000 系列标准由 5 个标准组成：

GB/T 19000 ~ ISO 9000《质量管理和质量保证——选择和使用指南》；

GB/T 19001 ~ ISO 9001《质量体系——设计/开发、安装和服务的质量保证模式》；

GB/T 19002 ~ ISO 9002《质量体系——生产和安装的质量保证模式》；

GB/T 19003 ~ ISO 9003《质量体系——最终检验和试验的质量保证模式》；

GB/T 19004 ~ ISO 9004《质量管理和质量体系要素——指南》。

GB/T 19000 ~ ISO 9000《质量管理和质量保证》系列标准是在总结国际成功经验的基础上，从质量管理的共性出发，阐述了质量管理工作的基本原则、基本规律和质量体系要素的基本构成，它适用于不同体制、不同行业的生产、服务企业开展质量管理工作，同样它也适用于公路建设单位的质量管理工作。

以往的设计、施工、服务等技术规范都是明确产品和服务的质量标准，是对最终结果质量的认定。而《质量管理和质量保证》系列标准明确了施工企业质量管理工作的体系和工作程序，用于控制产品形成过程，从而保证产品质量稳定。因此，这一系列标准是技术规范的补充，是保证技术规范全面稳定且得以实现的另一标准。认真贯彻这一标准可以帮助企业建立和完善质量体系，提高质量意识和质量保证能力，从而提高企业的管理素质和在市场经济中的竞争能力。因此，交通部要求各施工企业从建立现代企业制度和促进企业发展的高度做好贯彻这一系列标准的工作，积极申请质量体系认证，并将贯标工作纳入企业质量目标管理考核指标之内，使企业的质量体系逐步进入国际标准化的轨道。

GB/T 19000 系列标准只是一套推荐性标准。编号中“T”就是“推荐”一词的汉语拼音首写字母。但其一旦被法规或合同确定采用后就是“强制性标准”。如果供需双方或第三方选择基本某一质量保证模式作为产品认证标准，那么，该质量保证模式在合同约定范围内就具有法律效力。

二、质量保证体系系列标准内容

1. GB/T 19000 ~ ISO 9000《质量管理和质量保证——选择和使用指南》

此标准阐明了质量方针、质量管理、质量体系、质量控制和质量保证 5 个重要质量术语的含义及其相互关系；阐述了企业应力求达到的质量目标及质量体系环境特点和质量体系标准的类型；规定了标准的应用范围、标准的应用程序；规定了证实文件应包括的内容以及供需双方签订合同前应做的准备。

2. GB/T 19001 ~ GB/T 19003（质量保证模式）

质量保证模式是为了满足供需双方考虑产品特性、保证能力等多种因素的需求后选择的用以签订合同的质量保证要求。这些要求不是企业质量体系的全部要素和内容，只是针对某项产品生产过程质量管理的要求，通过实施这些工作，用户（需方）相信生产企业可以持续稳定地生产质量满足合同规定的产品。

质量保证模式有不同水平的 3 个标准可供选择：

（1）GB/T 19003 ~ ISO 9003《质量体系——最终检验和试验的质量保证模式》。该标准适用于相对简单或比较成熟的产品。它明确了产品形成过程检验工作、成品检验和实验的质量体系要求，强调检验工作与有效的检验系统对检验人员、检验程序和设备都要进行严格地控制。该标准明确规定此范围的 12 项质量体系要素构成其主要内容，是 3 个模式标准中质量体系要素内容和数量相对较少的模式标准。

（2）GB/T 19002 ~ ISO 9002《质量体系——生产和安装的质量保证模式》。该标准适用于设计已定型、生产过程复杂或产品价值昂贵的生产条件，阐述了从原材料采购至产品交付使用全过程的质量体系要求，是 3 个模式中应用率较高的模式标准。它要求生产企业质量体系提供能严格控制生产过程质量的证据，保证生产和安装阶段各个环节符合规定的要求，及时解决生产过程中发现的问题，防止、避免不合格情况的发生和重复出现。该标准强调预防控制与检验相结合，并以此范围规定了 18 项质量体系要素的内容和工作程序。

（3）GB/T 19001 ~ ISO 9001《质量体系——设计/开发、生产、安装和服务的质量保证模式》。该标准是 3 个质量保证模式中质量水平最高、覆盖环节（过程）最多，而且质量体系要素最多的质量保证标准，阐述了从产品设计、产品生产到售后服务全过程的质量体系要素的要求。遵照标准，企业产品质量体系提供对合同评审、设计、生产和安装过程（服务）各个阶段、各个环节的严格控制，防止发生不合格的情况，该标准比较其他两个标准增加了对设计质量控制条款和售后服务条款的质量体系要素。

3. GB/T 19004～ISO 9004《质量管理和质量体系要素——指南》

企业从自身发展与提高出发，需要建立一个比较完整的、用以控制企业内部各项工作（环节）的质量体系，使企业质量管理最佳化，也可以使各项产品质量控制能力达到或接近产品质量要求。GB/T 19004～ISO 9004 标准是指导企业建立质量体系的指导标准。该标准对基本质量要素的含义、要素的目标、要素间的关系以及各项工作的内容、要求、过程和资源5个方面对人、技术、管理诸要素提出要求，明确企业质量体系的基本出发点是：应设计出有效的质量体系，以满足顾客的需要和期望，并保护公司的利益。完善的质量体系应在考虑风险、成本和利益的基础上使质量最佳期化，并具有对质量加以控制的重要管理手段。

第三节　政府对公路工程质量的监督管理

我国于1983年开始实行政府对工程质量监督的制度。1984年9月国务院颁发《关于改革建筑业和基本建设管理体制若干问题的暂行规定》，明确提出了建立有权威的政府工程质量监督机构。

一、公路建设工程主体的监督管理制度

公路建设工程主体是指工程的参与者，它包括建设单位、勘察设计单位、监理咨询单位和构配件生产单位及施工单位等单位及其相关人员。政府对公路建设工程主体的监督管理主要是：

（1）对建设单位的能力进行审查。审查其是否具备与发包工程项目相适应的技术、经济管理能力、编制招标文件及组织开标、评标、定标的能力。如其不具备上述能力，则要求它委托招标代理机构代为办理招标事宜。

（2）对勘察设计单位、施工、监理、构配件生产单位实行资格（质）等级认证、生产许可证和业务范围的监督管理。上述单位必须按规定申请并取得相应资格证书后，方能从事其资格（质）等级允许范围内的业务活动，各级建设行政主管部门将严格监督各单位在其资格（质）等级允许的业务范围内从事活动。

（3）技术人员，须经过考试取得资格证书并经注册后方能获得相应执业资格。各级建设行政主管部门将负责考试、注册及执业活动的监督管理。

二、公路建设工程质量监督制度

根据建设部公布的《建设工程质量监督管理规定》第一章第3条规定：凡新建、扩建和改建的工业、交通和民用、市政公用工程及建筑构件，均应按照本规定接受建设工程质量监督机构的监督。

1. 公路建设工程质量监督机构

我国改革开放前的30年间，在高度集中的计划经济管理体制下，政府主要是以资产所有者的身份，处于经济活动的组织和管理者的地位，直接对经济活动进行组织和指挥。但是行政隶属系统直接而全面地控制社会的微观系统，不仅使经济活动僵化，而且使社会公共事务诸如公路工程建设的管理约束于条条框框之中，缺少宏观效应，造成标准不一、相互矛盾，起不到统

一管辖和监督控制的作用。

十一届三中全会以来，经济体制改革的目的之一就是要建立一个充满活力的社会主义市场经济，大力发展生产力，转变政府的管理职能，使政府从经济活动的直接组织者变为间接的宏观监督控制者，从管理体制、管理组织、管理行为等方面实行政企完全分开是必要的。这种变化对企业来说，意味着摆脱政府机关的直接控制，从附属的地位转变为独立的商品生产者，增强了活力。而对政府机关来说，则意味着退出具体的经济活动，放弃直接组织和指挥生产经营的权利，由经济活动直接组织者的身份转为公共秩序维持管理者的身份，由行政系统的内部的组织权转变为公共秩序的管理权。随着这一转变的实现，政府将有更多的时间和精力，对经济活动进行宏观的计划调节和对社会公共事务的监督管理，其中对工程建设活动进行监督管理就是一个重要的方面。

改革开放以来，工程建设活动发生了一系列重大的变化，这些变化使原有的高度集中的计划经济体制下的工程建设管理模式越来越不适应社会主义市场经济发展的要求。在这种转换的过程中，由于新、旧体制的并存、摩擦和碰撞，工程建设中存在着不少问题，突出的一个问题就是工程质量下降，施工企业自评自检水分很大。这些都迫切需要建立和健全新的管理体制，特别在工程质量方面，在完善企业内部质量检查体系的同时，应建立严格的外部监督体系。

政府监督是公路工程质量保证体系中的极其需要的质量监督环节之一，是政府部门强化对工程质量管理的具体体现。从中央到地方通过授权或认可制度，建立各级从事审核、鉴定、监督、检测工作的机构，对工程的规划、设计、施工和各类工程上使用的材料、设备等进行监督、检查、评定，实施有权威的第三方认证。

就公路工程来说，交通部主管全国公路工程质量监督工作。按照统一规划、分级管理的原则，交通部于 1987 年 10 月设立了基本建设工程质量监督总站，并指令各省、自治区、直辖市交通部门设交通（或公路）基本建设工程质量监督站（简称省级质监站）；各省、自治区、直辖市交通主管部门根据当地工程实际情况确定是否设立地、州、市交通（或公路）基本建设工程质量监督分站（简称市级质监分站）或派出质监机构。

各级质监站为独立核算的事业单位，隶属同级政府交通主管部门，业务上受上一级质监站指导。

2. 政府监督的特点

（1）强制性。政府的管理行为象征着国家机器的运转，国家机构的管理职能是通过法律授权来实现的。因此，政府实施的管理监督行为，对于被管理、被监督者来说，只能是强制性的、必须接受的。

（2）执法性。政府监督主要依据国家法律、法规、方针、政策和国家及交通部颁布的技术规范、标准进行监督，并严格遵照有关规定的监督程序行使监督、检查、许可、纠正、强制执行等权利。监督人员每一个具体的监督行为都有充分的依据，带有明显的执法性，显著区别于通常的行政领导和行政指挥等一般性的行政管理行为。

（3）全面性。政府监督是针对整个工程建设活动的，就管理空间来说，覆盖了社会，就一个工程项目的建设过程来说，则贯穿于工程建设的全过程。但在我国，工程建设的决策咨询、施工监理等不同阶段的监督管理则是由我国不同的政府职能部门分别负责共同完成的。

（4）宏观性。政府监督侧重于宏观的社会效益，主要保证工程建设行为的规范性，维护社会公众的利益和工程建设各参与者的合法权益。对一项具体的工程建设来说，政府监督不同于后述的监理工程师的直接的、连续的、不间断的监理。

3. 政府监督的依据

各级交通（或公路）基本建设工程质量监督站作为政府的职能部门，对公路工程建设实施强制性的有力的政府监督。这种政府监督是通过有关法律、法规和规定实现的，政府监督实际上是管理性的经济法律关系。执行政府监督的各级质监站，为了维护社会秩序，要对建设单位和承建单位的行为进行管理。同时也要对监理工程师（单位）进行有关的资格认证和实施管理，这类管理性的法规是伴随着工程监理制度的产生而产生，并日臻完善的。

（1）国家有关公路工程建设的政策、法律和法规。政策是指与公路工程建设密切相关的经济发展战略、产业发展规划、固定资产投资计划等。法律是指与公路工程建设有关的法律，特别是经济法律，如“土地管理法”、“城市规划法”、“环境保护法”以及“经济合同法”等。

（2）政府批准的建设计划、规划、设计文件是政府有关部门对工程建设进行审查、控制和结算的依据，也是一种许可，理所当然是政府监督的依据。

（3）国家和交通部等有关部委颁布的有关技术规范和标准。

4. 各级政府监督的任务

各级公路工程质量监督部门是政府对公路工程质量进行监督管理的专职机构，依据国家有关法规和部委颁布的现行技术规范、规程和质量评定标准，代表政府对公路工程质量进行监督，以保证审查批准的工程建设规模和建设目标的实现。

1）交通部基本建设工程质量监督总站的主要任务

（1）贯彻执行国家的关工程质量监督工作方针、政策和施工监理法规，制定交通系统建设工程质量监督、施工监理法规并监督实施。

（2）规划、管理、检查、指导公路、水运工程质量监督和监理工作，组织质监人员业务培训，组织对公路、水运工程质量监督站、监理咨询单位、质监人员和监理人员的资质审批工作。

（3）统一规划建立和管理公路、水运工程质量检验测试中心。

（4）对国家和部属重点工程建设项目的工程质量和监理工作进行检查，发布工程质量动态。

（5）参与部级优秀勘察、优秀设计、优质工程的评审工作，参与国家级优秀勘察、优秀设计、优质工程的行业评审工作。

（6）组织对重大工程质量事故的调查处理，对工程质量争端的仲裁。

（7）掌握全行业工程质量动态，组织交流开展工程质量监督、工程施工监理的经验。

2）省、自治区、直辖市交通（或公路）基本建设工程质量监督站的主要任务

（1）贯彻执行国家和上级交通主管部门颁发的工程质量监督、施工监理工作方针、政策和法规，制定本地区的公路工程质量监督实施细则。

（2）规划、管理本地区公路工程质量监督和施工监理工作，负责下级质监站及其人员的考核发证工作，审核申报监理咨询单位和监理工程师资格的报告，根据有关规定审批专项监理工程师。

（3）监督检查施工监理咨询单位、监理工程师、施工单位工程质量保证体系及其人员的工作。

(4)主持交工工程质量鉴定,参加工程竣工验收。

(5)组织工程质量检查,定期发布工程质量动态。

(6)组织工程质量事故调查、处理,仲裁工程质量争端,监督检查重大工程(产品)质量事故的处理方案和仲裁情况。

(7)参与本地区本行业优秀勘察、优秀设计、优质工程的评审工作,对申报省(部)、国家级"三优"工程的项目进行质量鉴定。

(8)组织交流本地区质量监督和施工监理工作经验,组织质监人员和监理人员业务培训。

市级质监站或省派出质监机构的任务,由省级质监站根据交通部发布的《公路工程质量监督暂行规定》的精神制定。

3)监督站的权限

(1)按技术标准和有关文件要求监督设计和施工的单位,可给予警告或通报批评。

(2)对发生严重工程质量问题的单位可令其及时妥善处理,对情节严重的,可按有关规定进行罚款,如仍在施工,则应令其停工整顿。

(3)对于核验不合格的工程,可作出返修加固的决定,直至达到合格方准交付使用。

(4)对造成重大质量事故的单位,可参加有关部门组成的调查组,提出调查处理意见。

(5)对工程质量优良的单位,可提请当地建设主管部门给予奖励。

因监督人员失误、失职、渎职而使建设工程出现重大质量事故或在核验中弄虚作假的,主管部门将视情节轻重,对其给予批评、警告、记过直至撤职的处分,触及刑律的将由司法机关追究刑事责任。

三、公路工程质量的检测制度

1. 工程质量检测机构的性质

工程质量检测工作是对建设工程质量进行监督管理的重要手段之一。工程质量检测机构须经省级以上人民政府建设行政主管部门、交通行政主管部门或其授权的机构考核合格后,方可承担建筑工程质量的检测任务。它是对建设工程的建筑构件、制品及建筑材料和设备的质量进行检测的法定单位。它所出具的检测报告具有法定效力。国家各级检测机构出具的检测报告,在国内为最终裁定,在国外具有代表国家的性质。

2. 各级建设工程质量检测机构与任务

建设工程质量检测机构,分为国家、省、市(地区)、县4级。

建设工程质量国家检测中心是国家级的工程质量检测机构。其主要任务有:

(1)承担重大建设工程质量的检测和试验任务。

(2)负责建设工程所用的构件、制品及有关材料、设备的质量认证和仲裁检测工作。

(3)负责对结构安全、建设功能的鉴定,参加重大工程质量事故的处理和仲裁检测工作等。

各省、自治区、直辖市的工程质量检测中心和市(地区)、县级的工程质量检测站则主要是承担本地区建设工程和建筑构件、制品及建筑现场所用材料质量的检测工作和参加本地区工程质量事故的处理和仲裁检测工作。此外,还可参与本地区建筑新结构、新产品的科技成果鉴定等工作。

3. 工程质量检测机构的权限

国家级检测机构受国务院建设行政主管部门的委托，有权对指定的国家重点工程进行检测复核，并向国务院建设行政主管部门提出检测复核报告和建议。各地检测机构有权对本地区正在施工的建设工程所用的建筑材料、混凝土、砂浆和建筑构件等进行随机抽样检测，并向本地建设工程质量主管部门和质量监督部门提出抽检报告和建议。

受国家建设主管部门和国家标准部门委托，国家级检测机构有权对建筑构件、制品及有关的材料、设备等产品进行抽样检验。省、市(地区)、县级检测机构，受同级建设主管部门和标准部门委托，有权对本省、市、县的建筑构件、制品进行抽样检测。对违反技术标准、失去质量控制的产品，检测单位有权提出请主管部门作出责令停止生产、不合格产品不准出厂、已出厂的不得使用的决定。

四、公路工程质量的验评及奖励制度

1. 质量保证体系的组成

公路工程对国家经济的发展和人民的生活具有极其重要的作用。因此，保证公路工程的质量、交付使用的时间以及费用的合理性就是非常重要的工作。交通部在总结过去历史经验的基础上，根据公路建设的特点，科学地制定了公路工程的“政府监督、社会监理、企业自检”的质量保证体系。

政府监督、社会监理、企业自检是构成严密、完整、有机的质量保证体系必不可少的3个环节。根据前述的政府监督的职能、任务和性质，显然，在由上述3个环节组成的质量保证体系中，政府监督处于主导地位，强化政府监督的作用，可以使质量保证体系有序而高效地运作。

社会监理处于工程管理新体制中的核心地位，将在政府监督的管理之下，依据合同、标准和规范，利用业主授予的权利，对工程实施不间断的、全过程的、全方位的监理，其工作的优劣无疑将对工程质量有重大的影响。

施工企业作为公路工程产品的直接生产者，施工企业的人员素质、管理水平决定了该企业的工作质量，从而也决定了工程质量，因此，在质量保证的体系中，施工企业占特别重要的地位。如果施工企业的人员素质、管理水平低，不管政府监督多么有力，制定的有关法规多么健全，工程监理标准多么规范，监理工程师的工作多么认真细致，都无法保证工程建设费用、进度和质量目标的实现。因此，实行施工企业自检是实现工程建设费用、进度、质量目标的必要条件，施工企业建立完善的自检系统是形成公路工程质量保证体系的前提条件。

2. 公路工程质量验评制度

公路工程质量应按现行的国家标准、行业标准进行验评。现行的建设工程质量分为优良、合格、不合格3级，先由施工单位自行检验、评定等级，再由监督站进行核验。

国家还实行建设工程竣工验收制度。交付验收的建设工程，应当符合下列要求：

(1)完成建设工程设计和合同中约定的各项内容，具备国家规定的竣工条件。

(2)工程质量经有关质量监督机构核定符合要求。

(3)具有完整的工程技术经济资料。

(4)工程所用的主要建筑材料、建筑构配件和设备具有出厂检验合格证明和技术标准规定的必要的进场试验报告。

(5)已签署工程保证书。

根据有关规定,工程的竣工验收,依工程规模大小和复杂程度,分别由国家计委或工程项目主管部门,或地方政府部门组织验收委员会或验收组进行。验收委员会或验收组由银行、物资、环保、劳动、统计、消防及其他有关部门组成,建设单位、施工单位、勘察设计单位参加验收工作。验收时,除听取各有关单位工作报告外,还要审阅工程档案资料并实地查验建筑工程和设备安装情况,并对工程设计、施工和设备质量等方面作出全面的评价。不合格的工程不予验收;对遗留问题提出具体解决意见,限期落实解决。建设工程竣工经验收合格后,方可交付使用。

3. 建设工程质量奖励制度

为鼓励建筑企业加强管理,搞好工程质量,争创国际先进水平,促进全行业工程质量的提高,我国还实行优秀工程奖励制度,分别设立了国家优质工程奖、优秀工程勘察奖、优秀工程设计奖,还定期进行工程设计计算机优秀软件、工程建设优秀标准设计的评选。

(1)国家优质工程奖。凡在中华人民共和国土地上建设具有独立的生产和使用功能的下列工程项目,都可申报参评。

①新建的大中型工业、交通、农林水利、民用和国防军工等建设项目。

②10 万平方米以上设施配套的住宅小区。

③投资在 2000 万元以上的城市道路、桥梁、给排水、煤气、供气等工程。

④具有显著经济效益和社会效益的大中型改建、扩建和技术改造工程。

⑤对发展国民经济具有重大意义的其他工程。

参加评选的工程项目,必须满足下述条件:

①必须按规定通过了竣工验收,并经过 1 年的考验期。但自竣工验收至申报评选的期限,大型建设项目不得超过 5 年,中型建设项目不得超过 3 年,其他工程项目不得超过 2 年。

②须是已经获得省、自治区、直辖市和国务院有关部门认定的优质工程。

③未按建设程序建设或在建设过程中发生过 3 级及 3 级以上重大工程建设事故的工程不得参与评选。

国家优质工程每年评审 1 次,由国家优质工程审定委员会组织进行,日常工作则由其下设的办公室(设在建设部)负责。国家优质工程奖是国家级工程质量奖,每年数目控制在 50 项左右。

(2)优秀工程勘察奖。凡在工程竣工验收后经 1 年以上时间检验的新建、扩建及技术改造的工业与民用建设项目的勘察,均可申报参加评选。

优秀工程勘察奖,按地区、部门评选和全国评选两步进行。所有参评项目都必须先参加省、部级优秀工程勘察奖的评选,再由省、部有关部门从获奖项目中选择成效突出者,按获奖名次推荐上报,参加全国优秀工程勘察奖的评选。全国优秀工程勘察奖的评选由全国优秀工程勘察设计评选委员会负责,有关的具体事务和协调工作则由中国工程勘察协会负责。

全国优秀工程勘察奖设金质奖、银质奖、铜质奖 3 种。如无特殊原因,每两年评选 1 次。

(3)优秀工程设计奖。凡已竣工投产、验收并经 1 年以上时间检验的完整工业与民用工程建设项目或单项工程的设计,均可申报参加评选。单体构筑物、设备、技术、规程、规范、计算机应用程序等,不参加评选。申报评选的项目,原则上是近两年内竣工投产的工程建设项目,有特殊原因的,可放宽至5年内。

优秀工程设计奖,按地区、部门评选和全国评选两步进行。所有参评项目都必须先参加省、部级优秀工程设计奖的评选再由各省、部从获奖项目中选出名列前茅者排好名次后,向建设部推荐参加全国评选。全国优秀工程设计奖的评选,由建设部邀请有关专家组成的评审委员会负责,有关具体事务,委托中国勘察设计协会办理。

全国优秀工程设计奖设金质奖、银质奖、铜质奖3种,每两年评选1次。如遇特殊情况则可提前或推后进行。

五、企业质量体系和产品质量认证制度

建筑业也和其他企业一样,按国家规定推选企业质量体系认证制度和产品质量认证制度。有关企业根据自愿原则可以向国务院建设行政主管部门或其授权的认证机构申请企业质量体系认证。经认证合格的,由认证机构向该企业颁发企业质量体系认证证书。对重要的建筑材料和设备推行产品质量认证制度。已认证合格的,由认证机构颁发质量认证证书,准许企业在产品或其包装上使用质量认证标志。使用单位经检验发现认证的产品质量不合格的,有权向产品质量认证机构投诉。

六、建材使用许可制度

为保证建设工程中使用的建筑材料性能符合规定标准,从而确保建设工程质量,我国实行了建材使用许可制。这一制度包括建材生产许可证制、建材产品质量认证制、建材产品推荐使用制及建材进场检验制等制度。

1. 建材生产许可证制

国家规定,对于一些十分重要的建材产品,如钢材、水泥等,实行生产许可证制。生产这些建材产品的生产企业必须具备相应的生产条件、技术装备、技术人员和质量保证体系,经有关部门审核批准取得相应资质等级并获得生产许可证后,才能进行这些建材产品的生产。其生产销售的建材产品或产品包装上除应标有产品质量检验合格证明外,还应标明生产许可证的编号、批准日期和有效期限。未获生产许可证的任何其他企业,都不得生产这类建材产品。

2. 建材产品质量认证制

国家有关部门规定,对重要的建筑材料和设备,推行产品质量认证制度。已认证合格的,由认证机构颁发质量认证证书,准许企业在产品或其包装上使用质量认证标志。使用单位经检验发现认证的产品质量不合格的,有权向产品质量认证机构投诉。同时规定,销售已经过质量认证的建材产品时,在产品或其包装上,除标有产品质量检验合格证明外,还应标明质量认证的编号、批准日期和有效期限。

3. 建筑材料进场检验制

为保证建筑的结构安全及其质量,建设部还规定,建筑施工企业必须加强对进场的建筑材料、构配件及设备的质量检查、检测。对各类建筑材料、构配件等,都必须按规定进行检查或复试。凡影响结构安全的主要建筑材料、构配件及设备的采购与使用必须经同级技术负责人同意。质量不合格的建筑材料、构配件及设备,不得使用在工程上。未经检验而直接使用了质量不合乎要求的建筑材料、设备及构配件的施工企业将承担相应责任。

第四节 公路建设行为主体的质量责任与义务

一、建设单位的质量责任与义务

建设单位(国外称业主)是投资建设工程,并对工程项目享有所有权的主体。按理说,它对建设工程质量应最为关心。但在我国,工程建设的投资者主要还是国家及一些开发商,代表建设单位直接参与工程管理的人并不是工程最后的所有人和使用者,建设工程质量的好坏与其自身利益并无十分密切的关系,他们享有建设单位的权利,但不承担工程质量低劣的后果。另外,我国公路业竞争十分激烈,基本上是僧多粥少的局面,承包人与建设单位处于不平等的地位,建设单位压造价、压工期等一些不合理要求得不到抵制,使得工程建设中建设单位的行为缺乏约束,其主观随意性很大,大量工程在建设单位恣意干涉下,以违背正常建设规律的方式建成,造成建设工程质量事故层出不穷。鉴于此,国务院于 2000 年 1 月 30 日颁发的《建设工程质量管理条例》特别对建设单位的质量责任和义务作出了明确规定。

1. 依法发包工程的责任

通过工程发包,选取具有技术和经济实力,享有良好信誉的承包人来承包工程建设,是确保工程质量的重要环节。但不少建设单位不遵守有关法律及规定,将工程发包变成了谋取团体利益和私人利益的手段。为此,《建设工程质量管理条例》规定:"建设单位应当将工程发包给具有相应资质等级的单位。建设单位不得将建设工程肢解发包。"同时还进一步规定,对于应当招标的工程项目,建设单位应依法招标。发包单位及其工作人员在建设工程发包中不得收受贿赂、回扣或索取其他好处。

2. 委托监理的责任

建设单位对工程建设应进行必要的监督、管理,对于国家规定强制实行监理的工程,建设单位应委托具有相应资质等级的工程监理单位进行监理,也可以委托具有工程监理相应资质等级并与被监理工程的施工承包单位没有隶属关系或其他利害关系的该工程的设计单位进行监理。

3. 依法报批、接受政府监督的责任

建设单位在工程设计完成后,应将施工图设计文件报县级以上人民政府建设行政主管部门或其他有关部门审查,未经审查批准的施工图设计文件,不得使用。其具体报批审查办法,目前正待制定。

建设单位在领取施工许可证或进行开工报告前,应按国家有关规定办理工程质量监督手续。

4. 遵守国家规定及技术标准的责任

建立工程建设的技术标准及相关规定,是保证建设工程质量的重要措施,任何单位和个人都必须严格遵守这些标准和规定,不得随意更改和破坏。建设单位和工程发包时不得迫使承包人以低于成本的价格竞标,不得任意压缩合理工期。工程建设过程中,建设单位不得明示和暗示设计单位或施工单位违反工程设计强制性标准,降低工程质量。设计单位也不得明示和暗示施工单位使用不合格的建筑材料、建筑构配件和设备。按合同约定由建设单位自己提供的建筑材料、建筑构配件和设备的,也必须保证其符合设计文件和合同的要求。在进行涉及建筑主体和承重结构变动的装修时,应委托原设计单位或具有相应资质等级的设计单位进行设计,没有设计方案的,不得强行施工。

5. 提供资料、组织验收的责任

在工程建设的各个阶段,建设单位都负有向有关的勘察、设计、施工、工程监理等单位提供工程有关原始资料,并保证其真实、准确、齐全的责任。在收到工程竣工报告后,建设单位应负责组织设计、施工、工程监理等有关单位对工程进行验收,并应按国家有关档案管理的规定,及时收集、整理建设项目各环节的文件资料,在工程验收后,负责及时向建设行政主管部门或其他有关部门移交建设项目档案。

如建设单位未尽上述责任,将分别受到限期改正、责令停工、罚款等处罚,构成犯罪的,还将追究单位、直接责任人及直接负责的主管人员的刑事责任。

二、工程勘察设计单位的质量责任与义务

1. 遵守执业资质等级制度的责任

勘察设计单位必须在其资质等级允许范围内承揽工程勘察设计任务,不得擅自超越资质等级或以其他勘察、设计单位的名义承揽工程,不得允许其他单位或个人以本单位的名义承揽工程也不得转包或违法分包自己所承揽的工程。

2. 建立质量保证体系的责任

勘察设计单位应建立健全质量保证体系,加强设计过程的质量控制,健全设计文件的审核会签制度。注册建筑师、注册结构工程师等执业人员应在设计文件上签字,对设计文件的质量负责。

3. 遵守国家工程建设强制性标准及有关规定的责任

勘察设计单位必须按照工程建设强制性标准及有关规定进行勘察设计。工程勘察文件要反映工程地质、地形地貌、水文地质状况,其勘察成果必须真实准确,评价应准确可靠。设计单位要根据勘察文件进行设计,设计文件的深度应符合国家规定,满足相应设计阶段的技术要求,并注明工程合理使用年限。所完成的施工图应配套,细部节点应交代清楚,标注说明应清晰、完整。凡设计所选用的建筑材料、建筑构配件和设备,应注明规格、型号、性能等技术指标,其质量必须符合国家规定的标准。除有特殊要求的建筑材料、专用设备、工艺生产线等外,设计单位不得指定生产厂家或供应商。

4. 技术交底和事故处理责任

设计单位应就审查合格的施工图向施工单位作出详细说明,做好设计文件的技术交底工作。对大中型建设工程和采用新技术、新结构的工程,设计单位还应向施工现场派驻设计代表。当所设计的工程发生质量事故时,设计单位应参与质量事故分析,并对设计造成的质量事故提出相应的技术处理方案。

勘察设计单位应对本单位编制的勘察设计文件的质量负责。当其违反国家的法律、法规及相关规定,没有尽到上述质量责任时,根据情节轻重,将会受到责令改正、没收违法所得、罚款、责令停业整顿、降低资质等级、吊销资质证书等处罚;造成损失的,依法承担赔偿责任。注

册建筑师、注册结构工程师等注册执业人员因过错造成质量事故的，责令停止执业1年；造成重大事故的，吊销执业资格证书，5年内不予注册；情节特别恶劣的，终身不予注册。勘察、设计单位违反国家规定，降低工程质量标准，造成重大安全事故，构成犯罪的，要追究直接责任人员的刑事责任。

三、施工单位的质量责任与义务

1. 遵守执业资质等级制度的责任

施工单位必须在其资质等级许可的范围内承揽工程施工任务，不得超越本单位资质等级许可的业务范围或以其他施工单位的名义承揽工程。禁止施工单位允许其他单位或个人以本单位的名义承揽工程，施工单位也不得将自己承包的工程再进行转包或非法分包。

2. 建立质量保证体系的责任

施工单位应当建立健全质量保证体系，确定工程项目的项目经理、技术负责人和施工管理负责人。施工单位必须建立、健全并落实质量责任制度，严格工序管理，做好隐蔽工程的质量检查和记录。隐蔽工程在掩埋前应通知建设单位和建设工程质量监督机构进行检验。施工单位还应当建立、健全质量教育培训制度，加强对职工的质量教育培训，未经教育培训或考核不合格的人员，不得上岗作业。施工单位还应加强计量、检测等基础工作。

3. 遵守技术标准、严格按图施工的责任

施工单位必须按照工程设计图纸和施工技术标准施工，不得擅自修改工程设计，不得偷工减料。施工过程中如发现设计文件和图纸的差错，应及时向设计单位提出意见和建议，不得擅自处理。施工单位必须按照工程设计要求、施工技术标准和合同约定，对建筑材料、建筑构配件、设备及商品混凝土进行检验，并做好书面记录，由专人签字，未经检验或检验不合格的上述物品，不得使用。施工单位必须按有关施工技术标准留取试块、试件及有关材料的取样，应在建设单位或工程监理单位监督下现场进行。施工单位对施工中出现质量问题的建设工程或竣工验收不合格的工程，应负责返修。

4. 总包单位与分包单位之间的质量责任

建设工程实行总承包的，总承包单位应对全部建设工程质量负责；实行勘察、设计、施工、设备采购的一项或多项总承包的，总承包单位应对其承包工程或采购设备的质量负责。总承包单位依法进行分包的，分包单位应按分包合同的约定对其分包的工程的质量向总承包单位负责，总承包单位与分包单位对分包工程的质量承担连带责任。

施工单位未尽到上述质量责任时，根据其违法行为的严重程度，将受到责令改正、罚款、降低资质等级、责令停业整顿、吊销资证书等处罚。对不符合质量标准的工程要负责返工、修理，并赔偿因此造成的损失；对降低工程质量标准，造成重大安全事故，构成犯罪的，要追究直接责任人的刑事责任。

四、工程建设监理咨询单位的质量责任与义务

1. 遵守执业资格等级制度的责任

工程监理咨询单位应在其资质等级许可的范围内承担工程监理业务，不得超越本单位资质等级许可的范围或以其他工程监理咨询单位的名义承担工程监理业务。禁止工程监理咨询

单位允许其他单位或个人以本单位的名义承担工程监理业务。工程监理咨询单位也不得将自己承担的工程监理业务进行转让。

2. 回避责任

工程监理咨询单位与被监理工程的施工承包单位以及建筑材料、建筑构配件和设备供应单位有隶属关系或其他利害关系的,不得承担该项建设工程的监理业务,以保证监理活动的公平、公正。

3. 坚持质量标准,依法进行现场监理的责任

工程监理咨询单位应选派具有相应资格的总监理工程师进驻施工现场。监理工程师应依据有关技术标准、设计文件和建设工程承包合同及工程监理规范的要求,采取旁站、巡视和平行检验等形式,对工程实施监理,对违反有关规范及技术标准的行为进行制止,责令改正。对工程使用的建筑材料、建筑构配件和设备的质量进行检验,不合格者,不得准许使用。工程监理咨询单位不得与建设单位或施工单位串通一气,弄虚作假,降低工程质量。

工程监理咨询单位未尽上述责任影响工程质量的,将根据其违法行为的严重程度,给予责令改正、没收非法所得、罚款、降低资质等级、吊销资质证书等处罚。造成重大安全事故,构成犯罪的,要追究直接责任人员的刑事责任。

五、材料、设备供应单位的质量责任与义务

建筑材料、构配件生产及设备供应单位必须具备相应的生产条件、技术装备和质量保证体系,具备必要的检测人员和设备,并把好产品看样、订货、存储、运输和核验的质量关,其供应的建筑材料、构配件和设备质量应符合国家或行业现行有关技术标准规定的合格标准和设计要求,并应符合以其产品说明、实物样品等方式表明的质量状况,其产品或其包装上的标志则应符合下述要求:

(1)有产品质量检验合格证明。

(2)有中文标明的产品名称、生产厂厂名和厂址。

(3)产品包装和商标样式符合国家有关规定和标准要求。

(4)设备应有详细的产品使用说明书,电器设备还应附有线路图。

(5)获得生产许可证或使用产品质量认证标志的产品,应有生产许可证或质量认证的编号、批准日期和有效期限。

建筑材料、构配件及设备的供需双方均应签订购销合同,并按合同条款进行质量验收。建筑材料、构配件生产及设备供应单位对其生产或供应的产品质量负责。

• 第五节　公路工程质量缺陷与质量事故的处理 •

在任何工程施工中,由于种种主观、客观的原因,出现质量缺陷,甚至质量事故是在所难免的。那么在质量问题发生后,监理工程师应采取什么程序进行处理呢?

一、质量缺陷的现场处理

在各项工程的施工过程中或完工以后,现场监理人员如发现工程项目存在着技术规范所

不容许的质量缺陷,应根据质量缺陷的性质和严重程度,按如下方式处理:

(1)当因施工而引起的质量缺陷处在萌芽状态时,应及时制止,并要求承包人立即更换不合格的材料、设备或不称职的施工人员,或要求立即改变不正确的施工方法及操作工艺。

(2)当因施工而引起的质量缺陷已出现时,应立即向承包人发出暂停施工的指令(先口头后书面),待承包人采取了能足以保证施工质量的有效措施,并对质量缺陷进行了正确的补救处理后,再书面通知恢复施工。

(3)当质量缺陷发生在某道工序或单项工程完工以后,而且质量缺陷的存在将对下道工序或分项工程产品质量影响时,监理工程师应在对质量缺陷产生的原因及责任作出判定并确定了补救方案后,再进行质量缺陷的处理或下道工序或分项的施工。

(4)在交工使用后的缺陷责任期内发现施工质量缺陷时,监理工程师应及时指令承包人进行修补、加固或返工处理。

二、质量缺陷的修补与加固

(1)对因施工原因而产生的质量缺陷的修补和加固,应先由承包人提出修补方案及方法,经监理工程师批准后方可进行;对因设计原因而产生的质量缺陷,应通过业主提出处理方案及方法,由承包人进行修补。

(2)修补措施及方法应不降低质量控制指标和验收标准,并应是技术规范允许的或是行业公认的良好工程技术。

(3)如果已完工程的缺陷,并不构成工程安全的危害,并且满足设计和使用要求时,经征得业主同意,可不进行加固或变更处理。如工程的缺陷属于承包人的责任,应通过与业主及承包人的协商,降低对此项工程的支付费用。

三、质量事故的处理

当某项工程在施工期间(包括缺陷责任期间)出现了技术规范所不允许的断层、裂缝、倾斜、倒塌、沉降、强度不足等情况时,应视为质量事故。可按如下程序处理:

(1)监理工程师应立即指令承包人暂停该项工程的施工,并采取有效的安全措施。

(2)监理工程师应要求承包人尽快提出质量事故报告并报告业主。质量事故报告应翔实反映该项工程名称、部位、事故原因、应急措施、处理方案以及损失的费用等。

(3)监理工程师应组织有关人员在对质量事故现场进行审查、分析、诊断、测试并验算的基础上,对承包人提出的处理方案予以审查、修正、批准,并指令恢复该工程施工。

(4)监理工程师应对承包人提出的有争议的质量事故责任予以判定。判定时应全面审查有关施工记录、设计资料及水文地质现状,必要时还要实际检验测试。在分清技术责任时,应明确事故处理的费用数额、承担比例及支付方式。

应当注意的是,无论是质量缺陷的补救或质量事故的处理,不应以降低质量标准或使用要求为前提,而且还要考虑对造型及美观的影响。当别无选择且不影响使用要求的情况下而降低标准时,应征得业主的同意,并应在竣工报告及竣工资料中特别提出。

复习思考题

1. 广义的公路工程质量的概念与狭义的公路工程质量的概念有何区别？
2. 我国现行的《质量管理和质量保证》系列标准有哪些？
3. 公路工程质量检测机构是什么性质的机构？
4. 为什么要规定建设单位的质量责任？它的具体责任有哪些？
5. 工程勘察设计单位的质量责任有哪些？
6. 工程建设监理咨询单位和材料设备供应单位对工程质量都要承担哪些责任？

第十一章

公路建设合同管理

教学要求

1. 解释公路建设合同的概念；
2. 描述公路建设合同的特征及约束力；
3. 描述公路建设合同签订的原则和程序；
4. 描述公路建设合同的主要内容；
5. 解释缔约过失责任的概念；
6. 描述公路建设合同履行的原则；
7. 描述公路建设合同履行中的抗辩权及合同履行的担保；
8. 描述合同的保全和变更；
9. 解释公路工程合同索赔的概念；
10. 描述公路建设合同索赔的原因及依据。

●第一节　概　　述●

一、公路建设合同的概念

合同，又称契约，是当事人之间确立一定权利、义务关系的协议。广义的合同，泛指一切能发生某种权利、义务关系的协议。但我国于1999年10月1日开始实施的《中华人民共和国合同法》（以下简称《合同法》）中，对合同的主体及权利、义务的范围都作了限定，即合同是平等主体之间确立民事权利、义务的协议，采用了狭义的合同概念。

公路建设合同是承包人与发包方之间确立的承包人完成约定的工程项目，发包方支付价款与酬金的协议，它包括工程勘察、设计、施工合同。它是合同法中记名合同的一种，属合同法调整范围。

在计划经济时期，所有公路工程项目都由国家调控，工程建设中的一切活动均由政府统筹安排，建设行为主体都按政府指令行事，并只对政府负责。行为主体之间并无权利、义务关系存在，所以，也无须签订合同。但在市场经济的条件下，政府只对建设市场进行宏观调控，建设行为主体均按市场规律平等参与竞争，各行为主体的权利、义务皆由当事人通过签订合同自主约定，因此，建设工程合同成为明确承发包双方责任，保证工程建设活动得以顺利进行的主要调控手段之一，其重要性已随着市场经济体制的进一步确立而日益明显。

二、公路建设合同的特征

公路建设合同除具有一般合同共有的特征之外,还具有以下特征:

1. 合同标的的特殊性

公路建设合同的标的是涉及建设工程的服务,而公路工程的特点是:产品固定,不能流动;产品多样,需单个完成;产品耗用材料多,所需资金大;产品使用时间长,对社会影响极大。这些都决定了公路工程合同的重要性,也使得公路工程合同具有一些有别于一般合同的法律特征。

2. 合同主体的特殊性

公路建设技术含量较高、社会影响很大,所以,法律对建设工程合同主体的资格有严格的限制,只有经国家主管部门审查,具有相应资质等级,并经登记注册,领有营业执照的单位,才具有签约承包的民事权利能力和民事行为能力。任何个人及其他单位都不得承包工程,也不具有签约的资格。

3. 合同形式的特殊性

公路建设过程周期长,涉及因素多,专业技术性强。当事人之间的权利、义务关系十分复杂,不是简单的口头约定就能解决问题的,所以,我国法律规定,公路建设合同必须采用书面形式。另外,为使合同内容更为严谨周密,双方当事人的权利、义务更加平衡合理,相关国际组织及各国政府或行业协会都组织专家进行研究,制定出了一批合同样本或示范文本,推荐给当事人加以选择使用,如国际咨询工程师联合会(FIDIC)制定的《土木工程施工合同条件》、《FIDIC设计—建造与交钥匙工程合同条件》,世界银行制定的《土木工程国际竞争性招标文件》,我国建设部、国家工商局制定的《建设工程勘察合同》、《建设工程设计合同》、《建设工程施工合同》等。这些范本对节省当事人的时间和精力,保证当事人权利、义务的平等提供了极大的便利。

4. 合同监督管理的特殊性

正因为公路建设合同具有上述的特殊性,所以,国家对公路合同的监督管理也十分严格。如工程承发包双方的资质要接受有关部门的审核;公路建设合同签订以后,必须报建设行政主管部门审查批准后才能生效;合同履行的过程,也要接受有关部门的监督检查;工程的拨款、贷款、结算,要接受银行的监督等等。

三、公路建设合同的约束力

1. 各类合同示范文本的约束力

国际有关组织及各国政府所制定的合同样本或示范文本,可给当事人带来很大的便利,但它们不是法律文件,充其量只能算"惯例",因而不具有强制使用的效力。依据合同自由原则,当事人完全享有选用、修改或完全弃用及另行商订的权利。我国《合同法》也明确规定,"当事人可以参照各类合同的示范文本订立合同"。这就给了当事人自由选择、自主协商的权利,任何部门不得作出强制使用某种合同样本的规定和限制。当然,当政府作为工程的投资人,以业主的身份要求必须采用某一示范文本时,它是从当事人一方的地位提出双方成交的条件,这是合法的。但对非政府投资的其他工程,它不是作出必须采用某种合同样本的限制。

2. 对合同当事人的约束力

公路建设合同与其他合同一样，一旦成立，就对当事人有极强的约束力。在西方一些主要发达国家，有“合同至上”原则，他们认为合同就是“当事人之间的法律”，当事人必须严格遵守。我国合同法律制度中还没明确确立这一原则，但这一思想已在相关法律规定中有所体现。《合同法》规定：“依法成立的合同，对当事人具有法律约束力。当事人应当按照约定执行自己的义务，不得擅自变更或者解除合同”，“依法成立的合同，受法律保护”。在国际经济交往中，也有“有约必守”的原则。因此，在合同成立之前，当事人享有“合同自由”的权利，可以充分按照自己的意愿进行协商谈判。任何人都不得将自己的意志强加给他人。但一旦协商一致达成协议，当事人就应严格履行合同约定的义务，如若违反合同的约定，就应承担相应的违约责任。这一切都是由法律作后盾予以保护的。

•第二节　公路建设合同的签订•

一、工程合同签订的原则

签订工程合同时，必须遵循《合同法》所规定的基本原则，它们是：平等原则、合同自由原则、公平原则、诚实信用原则和遵守法律、尊重社会公德、不得损害社会公共利益的原则。

1. 平等原则

平等原则是指合同的当事人，不论其是自然人，还是法人，也不论其经济实力的强弱或地位的高低，它们在法律上的地位一律平等，任何一方都不得把自己的意志强加给对方。同时法律也给双方提供平等的法律保护及约束。

2. 合同自由原则

合同自由原则是指合同的当事人在法律允许的范围内享有完全的自由，他可按自己的意愿缔结合同，为自己设定权利、义务，任何机关、组织和个人都不得非法干预。

合同自由原则是市场经济对法律提出的要求，没有合同自由就没有真正的市场经济，合同自由原则主要表现在当事人有缔结和不缔结合同的自由、选择与谁缔结合同的自由、决定合同内容的自由、选择合同形式的自由、变更和解除合同的自由，当然，上述自由不是自由放任，而是在法律允许范围内所享有的自由。

3. 公平原则

公平原则是指以利益均衡为价值判断标准，依此确定合同当事人的民事权力、民事义务及其承担的民事责任。它具体表现为：合同的当事人应有同等的进行交易活动的机会；当事人所享有的权利与其所承担的义务应大致相当，不得显失公平；当事人所承担的违约责任与其违约行为所造成的实际损害应大致相当；当实际情况发生重大变化导致不能维持合同效力时，合同内容应得到相应变更等。

4. 诚实信用原则

诚实信用原则简称诚信原则，是指合同当事人在行使权利、履行义务时，都应本着诚实、善意的态度，恪守信用，不得滥用权利，也不得规避法律或合同规定的义务。它是市场经济活动中的道德准则在法律中的体现，也是维护市场经济秩序的必然要求。

诚实信用原则是一切民事行为都应遵循的“黄金原则”,它可平衡当事人之间及当事人与社会之间的利益关系,在法律规定不明确时,法院可据此先例公平裁量,因此,它还可在一定程度上弥补法律规定之不足。

5. 遵守法律,尊重社会公德,不得损害社会公共利益的原则

《合同法》规定:“当事人订立、履行合同,应当遵守法律、行政法规,遵守社会公德,不得扰乱社会经济秩序,损害社会公共利益。”这就要求当事人在订立合同时,必须按照法律的规定来订立,不得采用欺诈、胁迫等有违社会公德的手段,更不得损害社会经济秩序和社会公共利益,否则,其合同将不具有法律效力。这些都是法律为防止当事人滥用权利进行的约束,也充分体现了法律对社会的保护。

二、公路建设合同签订的程序

签订经济合同一般要经过要约与承诺两个步骤,而公路建设合同的签订有其特殊性,需要经过要约邀请—要约—承诺 3 个步骤。

1. 要约邀请

要约邀请是指当事人一方邀请不特定的另一方向自己提出要约的意思表示。在《合同法》中,要约邀请行为属于事实行为而一般没有法律约束力,只有经过被邀请的一方作出要约并经邀请方承诺后,合同方能成立。在实践中,要约邀请一般表现在:广告、商品价目表、商店标价陈列商品等。在公路建设合同签订的过程中,发包方发布招标通告或招标邀请书的行为就是一种要约邀请行为,其目的在于邀请承包人投标。在公路建设合同签订程序中有一个显著的特点:受要约人(承诺人)是特定的,而要约人是不特定的。

2. 要约

要约是指当事人一方向另一方提出合同条件,希望另一方订阅合同的意思表示。提出要约的一方称为要约人,另一方则称为受要约人。要约是以签订合同为目的的一种意思表示,首先必须符合签订合同的原则,其内容必须具体明确,并应包括合同应具备的主要条款,而且必须向受要约人提出。要约具有法律约束力,要约生效后,要约人不得擅自撤回或更改。在公路建设合同签订过程中,承包人向发包方递交投标文件的投标行为就是一种要约行为,投标文件中应包含建设工程合同应具备的主要条款,如工程造价、工程质量、工程工期等内容,作为要约的投标对承包人具有法律约束力,表现在承包人在投标生效后无权修改或撤回投标以及一旦中标就必须与发包方签订合同,否则要承担相应责任等。

3. 承诺

承诺是指受要约人完全同意要约的意思表示。它是受要约人愿意按照要约的内容与要约人订立合同的允诺。承诺的内容必须与要约完全一致,不得有任何修改,否则将视为拒绝要约或反要约。承诺必须在要约规定的有效期限内向要约人提出,而承诺生效的时间就是要约人收到承诺的时刻。承诺人(受要约人)作出承诺后,即受到法律的约束,不得任意变更或解除承诺。在招投标中,发包方经过开标、评标过程,最后发出中标通知书,确立承包人的行为即为承诺。《中华人民共和国招标投标法》规定:“招标人和中标人应当自中标通知书发出之日起 30 日内,按照招标文件和中标人的投标文件订立书面公路工程施工合同。”因此,确定中标单位后,发包方和承包人各自均有权利要求对方签订建设工程合同,也有义务与对方签订建设工程合同。

三、公路建设合同的主要内容

公路建设合同的主要内容,也就是公路建设合同的主要条款。公路建设合同除了标的、数量和质量、价款或者酬金、履行期限、履行地点和方式、违约责任、合同纠纷解决方法等《合同法》规定一般应包含的条款外,以公路建设工程施工承包合同为例,还必须约定以下主要条款:

1. 合同文件的组成部分

在这一条款中应明确公路建设合同除合同本身外,还包括洽商、变更、明确双方权利与义务的备忘录、纪要和协议、中标通知书、招投标文件、工程量清单或确定工程造价的工程预算书和图纸以及有关的技术资料和技术要求也都是合同的组成部分,同时还应明确各组成部分的解释顺序。

2. 公路工程项目的概况

这一条款应明确写出工程的名称、详细地址、工程内容、承包范围和方式、建设工期、质量要求等内容。在表述这些内容时应尽可能确切,以工程中的开工日期为例,不能出现"大约、左右"之类的词语,如果签订合同时确切的开工时间无法确定,则应明确如何确定开工日期,如可表示为"以甲方下达书面开工令载明的日期为正式开工日期"等,同时明确提前竣工、延误工期的奖惩办法。

3. 公路建设合同当事人的责任

这一条款包含两部分内容:

(1)甲乙双方驻工地代表的职权范围。这一条款直接关系到工程建设过程中签证的有效性问题。一般应在合同中明确甲、乙双方驻工地代表的姓名及其职权范围,还可以在合同中明确驻工地代表签证的限额,这样有便于发生问题后能够按双方约定的职权范围及时解决,不至于因权限不明、互相推诿影响工程工期。

(2)甲、乙双方的职责。这一条款应尽量制定得详细,明确划分双方的职责范围,使双方能够各司其职,将工程顺利完成。一旦发生任何一方不履行合同规定的义务情况,也可以按合同规定的方式处理。

4. 工程合同款与支付

这一条款中应写明约定工程造价的依据、确定工程造价的方式(是按甲、乙双方审定的工程预算还是按招标工程的决标金额等)、约定工程造价的调整方式(是执行固定价格还是可调价格,如为可调价格,还应明确可调因素,可工程量增减、甲方认可的设计变更、材料的价格调整等)。同时应约定调整工程造价的方法、程序和时间,这一点无论对于哪一方都是非常重要的。

5. 竣工与决算

这一条款与承包人的利益有较大的关系,直接影响到承包人工程款的取得。在实践中,因为这一条款约定不明确产生纠纷的情况很多。尤其是在大量边设计、边修改、边施工情况下的"三边工程",履约过程中,由于合同造价的不确定,又没有事先约定确定造价的程序、期限和方式,往往在工程最终结算时引起矛盾,酿成纠纷。因此在本条款中应约定最后决算的含义,即明确是以经甲方认可的乙方提交的结算报告书为准,还是以审价单位的结果为准。同时还应明确双方对决算价格发生争议后解决的方式、时间,明确由审价单位进行审价的程序和方法以及审价的约束力。

除了上述条款外,公路建设合同还有其他重要的条款,如违约责任条款、变更和解除合同条款、工程保险条款等。

四、缔约过失责任

1. 缔约过失责任的概念

缔约过失责任,是指合同订立过程中,一方当事人因过错而导致另一方利益的损失所应承担的民事责任。

在合同成立之前,订立合同的当事人之间原本并无权利、义务关系,但自双方相互接触以商谈合同起,就会产生诸如相互协助、相互照顾、相互保护、相互通知等义务,双方都应遵循诚实信用的原则,尽量达成协议,以使合同成立。当事人这种基于诚实信用原则而产生的缔约过程中的义务,并不是因合同而产生的义务,它是一种先合同义务(可称合同前义务)。以往,我国只从道德的层面对这种义务加以肯定,并从法律的角度对这种义务加以规范。这次新颁行的《合同法》对此则有明确规定,违反上述义务的当事人,必须对对方的损失承担赔偿责任,这即是缔约过失责任。

2. 承担缔约过失责任的情况

《合同法》中规定,出现下列情况时,当事人应承担缔约过失责任。

(1)假借订立合同,恶意进行磋商。即当事人根本无订立合同的诚意,而是采用欺骗、胁迫等手段,诱使或迫使对方与之谈判,造成对方损失。

(2)故意隐瞒与订立合同有关的重要事实或提供虚假情况。如有上述行为,造成对方损失的,应予赔偿。

(3)其他违背诚实信用原则的行为。这些行为包括:擅自变更、撤回要约,违反已签订的意向书,未尽通知义务,未办合同应经过的审批手续等。

(4)泄露或不正当使用对方的商业秘密。在订立合同过程中,有可能了解到对方的技术信息和经营信息,这些皆为商业秘密,对此,当事人负有保密义务。如因泄密或不正当使用造成对方损失,必须承担赔偿责任。

● 第三节　公路建设合同的履行 ●

一、公路建设合同履行的原则

工程合同一经签订,即具有法律约束力,合同当事人必须坚决履行合同约定的内容,不得违反。《合同法》规定,当事人应当按照约定全面履行自己的义务。所以,工程合同的履行应当遵守两大原则,即实际履行原则和全面履行原则。

1. 实际履行原则

实际履行原则是指合同当事人按照合同规定的标的履行。除非由于不可抗力,签订合同当事人应交付和接受标的，不得任意降低标的物的标准、变更标的物或以货币代替实物。工程合同的实际履行就是合同当事人必须依据工程合同规定的标的不折不扣地实现其内容的行为。工程合同的标的就是公路工程项目的建设行为。由于公路工程项目是特定的不动产产品，具有不可替代的特点，因此公路工程合同签订后，合同当事人就必须按照合同规定的内容和范围实际履行，承包人应按期保质地交付勘察设计成果和建设工程，而发包方应及时予以接受。

2. 全面履行原则

全面履行原则，是指合同当事人必须按照合同规定的标的、质量和数量、履行地点、履行价格、履行时间和履行方式等全面地完成各自应当履行的义务。工程合同的全面履行就是合同当事人必须按照合同规定的所有条款完成工程建设任务，包括：履行标的——工程项目的建设行为、发行期限——工程工期、履行地点——工程所在地、履行价格——工程造价等。同时对工程合同全面履行的检验，须经过工程竣工、验收和动工决算 3 个步骤。因此，在合同中必须明确履行标的、履行期限、履行价格以及标的质量等内容。如果合同条款对上述主要内容的约定不明，当事人又不能通过协商达成补充协议的，则应按照合同有关条款或交易习惯确定；如仍确定不了，则可根据适当履行的原则，在适当的时间、适当的地点，以适当的方式来履行。

二、合同履行中的抗辩权

抗辩权，是指当事人一方依法对抗对方要求和权利主张的权利。合同履行中的抗辩权，就是在双方合同中，在满足一定法定条件时，合同当事人一方可以对抗对方当事人的履行要求，暂时拒绝履行合同确定的义务的权利。它是法律为确保双方合同履行而特别设定的法律制度，我国以前的有关合同法对此都没作规定，而 1999 年新颁行的《合同法》中则有了明确规定，这对合同的履行具有重要的意义。

双方合同履行中的抗辩权可分为同时履行抗辩权和异时履行抗辩权两种。

1. 同时履行抗辩权

同时履行是指合同没有约定双方履行的先后顺序，而是在一定期限内，双方当事人不分先后地履行各自义务的行为。这里的“同时”是指一定的期限，而不能机械地理解为同一时刻。

同时履行抗辩权，又称不履行抗辩权，是指同时履行的双方合同当事人在对方未履行之前，有权对抗对方履行要求，拒绝自己的履行。

《合同法》规定：“当事人互负债务，没有先后履行顺序的应当同时履行。一方在对方未履行之前有权拒绝其履行要求。一方在对方履行债务不符合约定时，有权拒绝其相应的履行要求。”

2. 异时履行抗辩权

异时履行是指合同已明确约定双方履行的先后顺序。此时，不论是先履行的一方，还是后履行的一方，都可依法享有抗辩权。

(1)后履行一方的抗辩权。《合同法》规定，先履行一方应当先行履行自己的义务，当其未予履行，或虽已履行但不符合合同的约定时，后履行的一方可以行使抗辩权，有权拒绝先履行一方的履行请求。

(2)先履行一方的抗辩权——不安抗辩权。它是指按合同约定，本应先行履行义务的一方，在有确切证据证明对方的财产明显减少或难以对待给付时，他有拒绝履行的权利。先履行一方的这种抗辩权也可称为拒绝权，这种拒绝履行的行为则可称为中止履行。这是法律对先履行一方合法权益的有力保护。

《合同法》规定，当对方出现下述情形之一时，即可行使不安抗辩权：

经营状况严重恶化；转移财产、抽逃资金，以逃避债务；丧失商业信誉；有丧失或可能丧失履行债务能力的其他情形。

为保护对方当事人的合法权益，维护正常的经济秩序，《合同法》对不安抗辩权的行使也作了限制。这种限制主要表现在以下 3 个方面：一是要有确切证据，当事人没有确切证据就中止履行的，应认定为违约，并应承担相应责任；二是依法中止履行时，必须及时通知对方当事人，否则，仍应承担相应责任；三是中止履行后，一旦对方当事人提供了适当担保，就应当恢复履行，否则，将被认定为违约。

在中止履行后，对方当事人如在合理期限内未恢复履行能力，并且未提供适当担保，先履行的一方可进而解除合同。

三、公路建设合同履行的担保

合同履行的担保，是保证合同履行的一项法律制度，是合同当事人为全面履行合同及避免因对方违约遭受损失而设定的保证措施。合同履行的担保是通过签订担保合同或是在合同中设立担保条款来实现的。担保合同是从合同，被担保合同是主合同。担保合同将随着被担保合同的履行而消失。而当被担保人不履行其义务且不承担相应责任时，担保人则应承担其担保责任。建设工程合同的担保形式主要有保证、抵押、定金和留置 4 种。

1. 保证

保证是指保证人与债权人约定，当债务人（被保证人）不履行债务时，由保证人按照约定代为履行或代为承担责任的担保方式。保证人是合同当事人（被保证人与债权人）以外的第三人。一旦担保成立，他就成为被保证人所负债务的从债务人，当被保证人不履行自己的债务时，保证人就有代为履行的义务，而当他代为履行或代为赔偿后，就成为被担保人的债权人，可对被保证人行使追偿权。

我国《担保法》将保证分为一般保证和连带责任保证。一般保证是指被保证人不能履行债务时，才由保证人承担保证责任的保证方式，此时保证人只为违约责任的第二履行人，而被保证人为违约责任的第一履行人。连带责任保证是指在被保证人履行债务之前，债权人就可以要求保证人承担保证责任，即保证人和被保证人对违约行为承担连带责任，他们同为第一履行人。《担保法》还规定："当事人对保证方式没有约定或者约定不明确的，按照连带责任保证承担保证责任。"

《担保法》还规定，国家机关、事业单位及社会团体不得担当保证人替人担保。

银行为工程承包单位开具的履约保函，即是银行充当保证人为承包单位担保的保证方式，就是公路建设合同中最常见的担保方式。

2. 抵押

抵押是指合同当事人一方或者当事人以外的第三人向另一方当事人提供一定的财产作为抵押，以保证合同履行的担保方式。交出财产进行抵押的一方为抵押人，接受财产抵押的一方为抵押权人。当合同当事人一方不履行合同义务时，当事人另一方（抵押权人）就有权依照法律规定以抵押物折价或将抵押物变卖，并从中优先受偿。

在国际上抵押是一种非常受欢迎的担保方式，因为它能比较充分地保障债权人的利益。采用抵押担保时，抵押人和抵押权人应以书面形式订立抵押合同。我国《担保法》还规定，抵押物为土地使用权、城市房地产、林木、乡镇企业的厂房、航空器、船舶、车辆、企业的设备和其他动产的，应到相关部门办理抵押物登记手续，否则，抵押合同无效。

3. 定金

定金是合同签订后，但还没有履行前，当事人一方向另一方支付一定数额的金钱或其他有价代替物，以保证合同履行的担保方式。其担保作用体现在：交付定金的一方不履行合同，则无权要求返还定金；收取定金的一方不履行合同，则应双倍返还定金。

应当注意的是，定金与预付款在形式上好像完全一样，但它们的性质是完全不同的，定金起担保作用，而预付款只是起资助作用。当当事人违约时，定金起着制裁违约方、补偿被违约方的作用，而预付款则无此作用，无论哪一方违约，均不得采取扣留预付款或要求双倍返还预付款的行为。

定金也不同于违约金，定金是合同的一种担保方式，而违约金只是对违约的一种制裁手段，违约金并不事先支付，被违约方只能通过事后请求支付的方式才能真正获得。

在公路工程勘察和设计合同中，通常都采用这种担保方式。

4. 留置

留置是指合同当事人一方依据合同，事先合法占有对方财产，当对方不履行合同时，可对所占有的财产进行留置，并依法将留置财产的特定情况折价或变卖并从中优先受偿的担保方式。留置这种担保方式只能用于一方已事先合法占有了对方财产的特定情况，所以，它常用于仓储、保管合同，来料加工、来件装配、加工定做等承揽合同及货物运输合同中。工程施工时，在竣工验收交付使用前，工程由承包人负责看管，从法律上看，承包人是事先合法掌握了发包方的财产，但由于公路工程对社会影响巨大，长期以来我国法律并未认可承包人的留置权。工程留置权的实际行使还有许多具体问题有待研究。

四、合同的保全

合同的保全指法律为防止合同债务人的财产不当减少，维护其财产状况，允许合同的债权人向债务人行使一定权利的制度。合同的保全也可理解为法律所强制实施的一种担保，即债务人应以其所有的全部财产来保证其合同债务的履行。它可弥补保证、抵押、定金、留置等特殊担保及民事强制执行的不足。《合同法》所设立的合同保全有两种：代位权和撤销权。

1. 代位权

代位权是指因债务人怠于行使其到期债权，对债权人造成损害的，债权人可以向人民法院请求以自己的名义代位行使债务人的债权的权利。但是，按照《合同法》的规定，该债权专属于债务人自身的除外。

代位权的行使范围以债权人的债权为限。债权人行使代位权的必要费用，由债务人负担。

2. 撤销权

撤销权是指因债务人放弃其到期债权或者无偿转让财产，对债权人造成损害的，债权人可以请示人民法院撤销债务人的行为。债务人以明显不合理的低价转让财产,对债权人造成损害,并且受让人知道该情形的,债权人也可请求人民法院撤销债务人的行为。

撤销权的行使范围以债权人的债权为限。债权人行使撤销权的必要费用,由债务人负担。撤销权自债权人知道或者应当知道撤销事由之日起1年内行使。自债务人的行为发生之日起5年内没有行使撤销权的,该撤销权消灭。

五、公路建设合同的变更

合同的变更,从广义而言应包括合同内容的变更及合同主体的变更。公路建设合同的承包人是经过选择,基于信任才确定的,所以,履行合同时承包人应坚持亲自履行原则,《合同法》、《公路工程施工招标投标管理办法》中都明确规定,承包人不得将其承包的全部建设工程转包给第三方。所以,建设工程合同的变更只是狭义的合同变更,即指在合同主体不变的前提下合同内容的修改与补充。

由于公路建设合同履行的期限长,涉及范围广,影响因素多,因此,一份建设工程合同签订得再好,签约时考虑得再全面,履行时也免不了因工程实施条件及环境的变化而需要对合同约定的事项进行修正,即对工程合同的内容进行变更。应该说,工程合同(主要是施工合同)不断进行变更是正常的、司空见惯的,一份合同履行到底、不做任何变更是十分罕见的、很不正常的。

工程合同的变更是通过工程签证来加以确认的,实际上就是工程承包发包双方在施工过程中对支付各种费用、顺延工期、赔偿损失等事项所达成的补充协议。经双方全面确认的工程签证,将成为工程结算或工程索赔的依据。

《合同法》规定:"当事人协商一致,可以变更合同。"工程签证是双方协商一致的结果,是对原合同进行变更的法律行为,具有与原合同同等的法律效力,并构成整个工程合同的组成部分。工程签证的范围、权限、程序等问题都应在建设工程合同中加以确定,我国建设部、国家工商局颁发的《建设工程施工合同》示范文本及 FIDIC 合同条款中,对此都有相应的规定。

•第四节　公路建设合同的索赔•

一、工程合同索赔的概念

索赔是当事人依据自己享有的权利向某一方提出的有关资格、财产、金钱及其他方面的赔偿要求。工程合同索赔则是指在工程合同实施过程中,当事人一方因对方违约或非自身原因而遭到损失时,向对方提出的赔偿要求。在这里有两点要注意。

(1)提出索赔的主体既可以是承包人,也可以是发包方。发包方对承包人的索赔主要集中在承包人的工程质量和工期未达到合同要求上,而承包人向发包方索赔的范围则广得多,这是因为在合同实施过程中,发包方一直处于主动地位,合同风险主要落在承包人身上。因此在实际生活中,发包方向承包人提出索赔的较少,工程合同索赔主要是由承包人提出的,久而久之,工程界逐步将"索赔"变成了承包人向发包方提出索赔的专用名词,而将发包方向承包人提出的索赔称为"反索赔"。从字面原义及理论上讲,这是不对的。"反索赔"应是被索赔一方对对方索赔要求的反驳及防范，而不是提出索赔的主体有什么正反之分。

(2)工程合同索赔的原因与一般商务合同索赔不完全相同。商务合同中，只有在对方违约时才有索赔的问题，而工程建设过程中影响因素多，合同风险大，所以除了对方违约这种情况外，因工程实施的条件、环境等因素的变化而造成当事人的损失时，也可向对方提出索赔的要求。当然，什么情况下可提出索赔并获得成功，一般都应在合同上约定或依据相关法规来加以判定，不是当事人随意而为的。

公路建设工程，尤其是规模大、工期长、结构复杂的工程的施工，由于受到水文气象、地质条件变化的影响，以及规划变更和其他一些人为因素的干扰，超出合同约定的条件及相关事项的事情真可谓层出不穷，当事人尤其是承包人往往会遭受意料之外的损失，这时，从合同公平原则及诚实信用原则出发，法律应该对他提供保护，允许他通过索赔对合同约定的条件进行公正、适当地调整，以弥补其不应承担的损失。工程合同索赔一般都为工期索赔及经济索赔。在国际工程承包中，工程合同索赔是十分正常的现象，一般情况下，工程索赔额往往占到工程总造价的7%左右。在我国，《合同法》、《建筑法》中都对合同工程索赔作出了相应规定，各种合同示范文本中也有相应的索赔条款。

二、公路建设合同索赔的原因

在公路建设合同实施过程中，可提出索赔的原因很多，主要有：

1. 合同风险分担不均

工程合同的风险，理应由双方共同承担，但受“买方市场”规律的制约，合同的风险主要落在承包人一方。作为补偿，法律允许他通过索赔来减少风险，有经验的承包人在签订建设工程合同中事先就会设定自己索赔的权利，一旦条件成熟，就可依据合同约定提起索赔。

2. 施工条件变化

工程施工是现场露天作业，现场条件的变化对工程施工影响很大。对于工程地质条件，如地下水、地质断层、熔岩孔洞、地下文物遗址等，业主提供的勘察资料往往是不完全准确的，预料之外的情况经常发生。不利的自然条件及一些人为的障碍导致设计变更、工期延长和工程成本大幅度增加时，即可提起索赔。

3. 工程变更

建设工程施工过程中，业主或监理工程师为确保工程质量及进度，或由于其他原因，往往会发生更换建筑材料、增加新的工作、加快施工进度或暂停施工等相关指令，造成工程不能按原定设计及计划进行，并使工期延长，费用增加，此时，承包人即可提出索赔要求。

4. 工期拖延

工程施工中，由于天气、水文或地基等原因的影响，使施工无法正常进行，从而导致工期延误、费用增加时，即可提起索赔。

5. 业主违约

当业主未按合同约定提供施工条件或未按时支付工程款，监理工程师未按规定时间提交施工图纸、指令或批复意见等违约行为发生时，承包人即可提起索赔。

6. 合同缺陷

由于合同约定不清，或合同文件中出现错误、矛盾、遗漏的情况时，承包人应按业主或监理工程师的解释执行，但可对因此而增加的费用及工期提出索赔。

7. 国家法令的变更

国家有关法律、政策的变更是当事人无法预见和左右的，但又必须执行。当有关法律和政策的变更如法定休息日增加、进口限制、税率提高等造成承包人损失时，承包人都可提出索赔并理应得到赔偿。

8. 其他

其他如不可抗力的发生、业主原因造成的暂停施工或终止合同等，都可成为索赔的原因。

三、公路建设合同索赔的依据

在索赔原因发生时，当事人一方应该有充分的依据，才能通过索赔的方式取得赔偿。在实践中，无论是索赔，还是反索赔，基本上都是围绕着索赔事实是否存在、索赔原因是否成立这一前提进行的。索赔的依据包括：

1. 合同和合同文件

工程承包合同是工程承包当事人之间最基本的约定文件。应当指出，不论是国内有关部委的合同示范文本，或是国际上权威性组织的合同文本样本，只有为双方所接受并编入有关工程项目合同时，才能作为索赔的依据。

2. 施工文件和有关资料

施工文件中有一部分是属于合同文件的，如图纸、技术规范等，有一些虽然不是正式的合同文件，但它客观地反映了工程施工活动的记录，是证明索赔事实存在的证据，因而也是索赔的重要依据。主要包括：

(1)施工前与施工过程中编制的工程进度表。

(2)每周的施工计划和每日的各项施工记录。

(3)会议记录、会议纪要，应有双方签字。

(4)由承包人提供的各类施工备忘录。

(5)来往信函。

(6)由监理工程师检查签字批准的各类工程检查记录和竣工验收报告。

(7)工程施工录像和照相资料。

(8)各类财务单据，包括工程单据、发票、收据等。

(9)现场气象记录。

(10)市场信息资料。

(11)其他资料。

从法律上讲，施工文件只有在得到监理工程师或监理工程师代表和承包人的确认后，才能构成索赔的依据。

3. 前期索赔文件

前期索赔主要是研究和解决在招标过程中，投标人在投标后至签订承包合同前这一期间所发生的索赔问题。一方面，业主在投标人中标后，可能会提出超出原招标文件范围的要求，或者要求增加不合理的合同条款，致使双方无法签订或迟延签订工程承包合同，给中标方造成经济损失。另一方面，投标人在投标有效期内可能要求撤销投标，或提出严重背离招标文件的要求,拒签合同,单方毁标,给招标单位造成损害。这些事实都会引起前期索赔,而与之有关的招标与投标文件(包括投标保证)以及招标所应遵循的法律是前期索赔的依据。

4. 法律与法规

一般来说,与工程项目建设有关的公司法、海关法、税法、劳动法、环境保护法等法律及建设法规都会直接影响工程承包活动。当任何一方违背这些法律或法规时,或在某一规定日期之后发生法律或法规变更均可引起索赔。

发包方向承包人的索赔往往是直接从承包人应得款项中扣除,而承包人向发包方的索赔则要先提出索赔要求,再报送资料,然后由双方代表协商达成补偿协议后才能获得。如双方对索赔发生争议,一般都是先通过双方都可信赖的第三方进行调解解决,如双方分歧严重,调解不成,则可通过仲裁或诉讼的司法程序予以解决。

复习思考题

1. 什么是公路工程合同?与一般的合同相比,它有哪些特征?
2. 公路工程合同签订的原则有哪些?
3. 什么是要约?它必须满足哪些条件?
4. 什么是承诺?公路建设工程招投标活动中,什么行为是合同签订程序中的要约和承诺?
5. 公路工程合同应包括哪些内容?
6. 公路工程合同履行的原则是什么?
7. 合同担保的方式有哪几种?它们的担保作用是如何体现的?
8. 什么是公路工程合同索赔?它与一般的商务索赔有什么区别?

第十二章

公路建设的法律责任

教学要求

1. 解释违约责任的概念,描述其归责原则;
2. 解释侵权责任的概念,描述其归责原则与构成条件;
3. 描述侵权责任的形式;
4. 解释行政责任的概念,描述其特点;
5. 描述行政责任的构成条件和种类;
6. 描述建筑法中规定的违法行为及其法律责任;
7. 描述招投标法中的违法行为及其法律责任;
8. 解释刑事责任的概念;
9. 描述公路建设中的主要刑事责任。

●第一节　民 事 责 任●

民事责任是由于民事主体一方违反依法成立的合同或侵犯民法所保护的民事主体的人身、财产等合法权益,依据民事法律规定所应承担的民事赔偿责任。民事责任主要是财产责任,是平等民事主体之间的具有补偿性的责任,民事赔偿可协商、可调解,民事责任可分为违约责任和侵权责任。

一、违 约 责 任

1. 违约责任的概念和归责原则

违约责任是合同当事人违反合同规定的义务依法应承担的法律责任。在公路工程建设关系中的违约责任主要指投资者依据招标投标法、合同法等与施工单位、勘察设计单位、咨询单位和监理咨询单位所建立的合同关系中,违约方所承担的民事法律责任。违约责任是一种财产责任,主要基于当事人的合同约定而产生。《中华人民共和国合同法》第107条规定,“当事人一方不履行合同义务或者履行合同义务不符合约定的,应当承担继续履行、采取补救措施或者赔偿损失等违约责任”。因此在归责原则上,我国《中华人民共和国合同法》确立了严格责任原则,即只要违约就要承担责任,而不论违约方是否有过错,除法定免责事由和约定免责事由外,即使能证明自己没有过错也不能免于承担违约责任。

《中华人民共和国合同法》第117条规定了不可抗力免责条款:“因不可抗力不能履行合

同的，根据不可抗力影响，部分或者全部免除责任，但法律另有规定除外，当事人迟延履行后发生不可抗力的，不能免除责任。”不可抗力指不能预见、不能避免并不能克服的客观情况。

2. 违约责任的形式

违约责任的形式即一方违约后将受到某种制裁，或另一方的法律救济方式，主要包括违约金、赔偿损失、继续履行和违约补救措施。

（1）违约金。违约金是指当事人在合同中约定或者由法律所规定的一方违约时向对方支付一定数量的货币。根据《中华人民共和国合同法》第114条规定，当事人可以在合同中对违约金进行约定。但如果违约金低于或者过分高于因违约所造成损失的，当事人可以请求人民法院或者仲裁机构予以适当增加或减少。由此可见违约金具有补偿性。如果当事人就迟延履行约定违约金的，违约方支付违约金后，还应履行债务。

（2）赔偿损失。赔偿损失是指违约方不履约给对方造成损失时，依法承担的赔偿责任，《中华人民共和国合同法》第113条规定：当事人一方不履行合同义务或者履行合同义务不符合约定给对方造成损失的，损失赔偿额应相当于因违约所受到的损失，包括合同履行后可以获得的利益，但不得超过违反合同一方订立合同时预见到或者应当预见到的因违反合同可能造成的损失。

（3）继续履行。又称强制实际履行，是指在一方违反合同义务时，另一方有权要求其依据合同的规定继续履行。

《中华人民共和国合同法》第110条规定：当事人一方不履行非金钱债务或者履行非金钱债务不符合约定的，对方可以要求履行，但有下列情况之一除外：

①法律上或者事实上不能履行；

②债务的标的不适于强制履行或者履行费用过高；

③债权人在合理期限内未要求履行。

继续履行的内容是由合同具体约定，它可以和违约金、损失赔偿金并用，但当违约方在事实上、法律上、经济上或时间上已经不能的情况下，法律事实上免除了违约方继续履行责任。

（4）违约补救措施。违约补救措施是指消除或者减轻违约损害后果的特殊救济措施，如修理、重做、更换等，违约补救措施是一项富有弹性、内容广泛的救济办法，救济措施的采用并不影响当事人承担其他违约责任。

二、侵权责任

1. 侵权责任的概念

侵权责任指侵权行为人侵害他人人身、财产等合同权益时，依法应承担的民事法律后果。侵权责任是民事责任的一种，具有不同于民事责任的特点。

（1）侵权责任违反的是法定义务，法律规定民事主体必须或应当为的行为当事人没有为，或者当事人做了法律禁止民事主体为的行为，这即是对法律强制性条款的违反，同时也侵害了法律所保护的相对人的合法的民事权利。

（2）侵权责任是以侵权行为为事实根据所产生的责任。侵权行为是侵权责任的事实根据，侵权责任是行为人实施侵权行为的必然法律后果。

（3）侵权责任的形式不限于财产责任，还包括非财产责任。

(4)侵权责任具有法定性,侵权责任不同于违约责任,当事人可以在合同中约定责任的条件和范围,但侵权责任不存在于当事人的约定,侵权构成条件、归责原则、责任方式、赔偿额由法律直接规定。在公路工程建设关系中,公路建设者负有尊重国家、集体、他人的合法人身、财产等合法权益的义务。如果在非合同关系中发生这些侵权行为,而使国家、集体、他人的人身、财产等合法权益受到损害,依照民事法律的规定应当依法承担民事侵权责任。

2. 民事侵权责任归责原则与构成条件

一般情况下,民事侵权责任在归责上采用过错责任原则,即侵权行为人在主观上有过错,则承担责任,无过错则不承担责任。过错即行为人在实施侵权行为时主观上存在故意或过失,过错的存在与否应当由受害人举证,法律有特殊规定的除外。

特殊情况下,法律规定行为人没有过错也要承担民事赔偿责任的,则行为人要承担民事侵权责任,即承担无过失的民事侵权责任。例如,我国《民法通则》第 123 条规定,从事高空、高压、易燃、易爆、剧毒、放射及高速运输等危险作业的施工人给他人造成损害的,由施工人承担赔偿责任。

侵权责任构成条件是指侵权行为人承担侵权责任所应当具备的条件,行为人实施了侵害他人合法权益的行为,只有符合法定的构成条件,行为人才承担民事侵权责任。对民事侵权责任的构成条件问题,理论上存在多种说法,我们认为,一般侵权行为构成要具备 4 个要件(承担无过失责任的特殊民事侵权除外),即发生侵权行为、存在损害、主观有过错、侵权行为和损害之间有因果关系。这 4 个条件缺一不可。

3. 侵权责任的形式

侵权责任的形式是指侵权行为人承担侵权责任的方式。侵权行为的后果使受害人在人身或财产上受到损害,侵权责任的目的是最终使受害人受到的损害恢复到损害前的状况,由于损害的多样化,而使责任的方式有所不同,《中华人民共和国民法通则》第 134 条规定了 10 种民事责任的承担方式,其中属于侵权责任的形式包括:

(1)停止侵害。

(2)排除妨碍。

(3)消除危险。

(4)返还财产。

(5)恢复原状。

(6)赔偿损失。

(7)消除影响、恢复名誉。

(8)赔礼道歉。

●第二节 行 政 责 任●

一、行政责任概述

1. 行政责任的概念和特点

行政责任是指行政法律关系主体因违反行政法规范或不履行行政法义务依法应承担的法

律后果，行政责任的特点包括：

(1)行政责任的主体是行政法律关系主体，包括行政主体和行政相对方，行政主体是享有行政职权负有实施行政管理的义务并独立承担相应的法律责任的组织，一般是国家行政机关，行政相对方是行政法律关系中的另一方当事人包括公民、法人和其他组织。行政主体的行政责任包括行政机关的法律责任和行政权力执行者即公务员的法律责任，因此，从行政法律关系主体角度看，行政责任包括行政相对人的行政责任、行政机关的行政责任和公务员的行政责任。

(2)行政责任因行政法律关系而发生，行政法律机关在运用行政权力对具体社会关系进行调整、管理过程中与行政相对人之间建立起具体的行政法律关系，依据行政法的规定，行政法律关系的双方都负有法定义务，在任何一方不履行法定义务(包括作为义务和不作为义务)时，其后果就是要承担行政责任。行政责任是对行政违法或行政不当的救济，与犯罪行为和民事违法行为有不同承担责任方式，不能互相替代。

(3)行政责任是法律责任，行政义务、行政权力、行政违法、责任方式等完全由行政法规范确定，与民事责任、刑事责任在违法的性质、责任构成和责任内容等各方面有所不同，不能互相替代。

2. 行政责任构成条件

(1)存在违反行政法义务的行为。

(2)主观有过错，过错包括故意或过失。

(3)存在承担责任的法律依据，责任条件、责任方式必须有明确的规定。

3. 行政责任的种类

按承担责任的主体不同，可分为3类：即行政相对人承担的行政责任，例如罚款和行政拘留；行政机关的行政责任，例如赔礼道歉和国家赔偿；公务员的行政责任，例如行政处分。

二、公路建设中的行政违法行为及其责任

1. 建筑法中规定的违法行为及其法律责任

(1)未取得施工许可证或者开工报告未经批准擅自施工的，责令改正，对不符合开工条件的责令停止施工，可以处以罚款。

(2)负责颁发建筑工程施工许可证的部门及其工作人员对不符合施工条件的建筑工程颁发施工许可证的，负责工程质量监督检查或者竣工验收的部门及其工作人员对不合格的建筑工程出具质量合格文件或者按合格工程验收的，由上级机关责令改正，对责任人员给予行政处分；构成犯罪的，依法追究刑事责任；造成损失的，由该部门承担相应的赔偿责任。

(3)发包单位将工程发包给不具有相应资质条件的承包单位的，或者违反本法规定将建筑工程肢解发包的，责令改正，处以罚款。

超越本单位资质等级承揽工程的，责令停止违法行为，处以罚款，可以责令停业整顿，降低资质等级；情节严重的，由工商行政管理部门吊销资质证书；有违法所得的，予以没收。

未取得资质证书承揽工程的，予以取缔，并处罚款；有违法所得的，予以没收。

以欺骗手段取得资质证书的，吊销资质证书，处以罚款；构成犯罪的，依法追究刑事责任。

(4)建筑施工企业转让、出借资质证书或者以其他方式允许他人以本企业的名义承揽工

程的，责令改正，没收违法所得，并处罚款，可以责令停业整顿，降低资质等级；情节严重的，吊销资质证书。对因该项承揽工程不符合规定的质量标准造成的损失，建筑施工企业与使用本企业名义的单位或者个人承担连带赔偿责任。

(5)违反本法规定，对不具备相应资质等级条件的单位颁发该等级资质证书的，由其上级机关责令收回所发的资质证书，对直接负责的主管人员和其他直接责任人员给予行政处分；构成犯罪的，依法追究刑事责任。

(6)承包单位将承包的工程转包的，或者违反本法规定进行分包的，责令改正，没收违法所得，并处罚款，可以责令停业整顿，降低资质等级；情节严重的，吊销资质证书。

承包单位有前款规定的违法行为的，对因转包工程或者违法分包的工程不符合规定的质量标准造成的损失，与接受转包或者分包的单位承担连带赔偿责任。

(7)在工程发包与承包中索贿、受贿、行贿，构成犯罪的，依法追究刑事责任；不构成犯罪的，分别处以罚款、没收贿赂的财物，对直接负责的主管人员和其他直接责任人员给予处分。

(8)对在工程承包中行贿的承包单位，除依照前款规定处罚外，可以责令停业整顿，降低资质等级或者吊销资质证书。

政府及其所属部门的工作人员违反本法规定，限定发包单位将招标发包的工程发包给指定的承包单位的，由上级机关责令改正；构成犯罪的，依法追究刑事责任。

(9)工程监理咨询单位与建设单位或者建筑施工企业串通，弄虚作假、降低工程质量的，责令改正，处以罚款，降低资质等级或者吊销资质证书；有违法所得的，予以没收；造成损失的，承担连带赔偿责任；构成犯罪的，依法追究刑事责任。

工程监理咨询单位转让监理业务的，责令改正，没收违法所得，可以责令停业整顿，降低资质等级；情节严重的，吊销资质证书。

(10)违反本法规定，涉及建筑主体或者承重结构变动的装修工程擅自施工的，责令改正，处以罚款；造成损失的，承担赔偿责任；构成犯罪的，依法追究刑事责任。

(11)建筑施工企业违反本法规定，对建筑安全事故隐患不采取措施予以消除的，责令改正，可以处以罚款；情节严重的，责令停业整顿，降低资质等级或者吊销资质证书；构成犯罪的，依法追究刑事责任。

建筑施工企业的管理人员违章指挥、强令职工冒险作业，因而发生重大伤亡事故或者造成其他严重后果的，依法追究刑事责任。

(12)建设单位违反本法规定，要求建筑设计单位或者建筑施工企业违反建筑工程质量、安全标准，降低工程质量的，责令改正，可以处以罚款；构成犯罪的，依法追究刑事责任。

(13)建筑设计单位不按照建筑工程质量、安全标准进行设计的，责令改正，处以罚款；造成工程质量事故的，责令停业整顿，降低资质等级或者吊销资质证书，没收违法所得，并处罚款；造成损失的，承担赔偿责任；构成犯罪的，依法追究刑事责任。

(14)建筑施工企业在施工中偷工减料的，使用不合格的建筑材料、建筑构配件和设备的，或者有其他不按照工程设计图纸或者施工技术标准施工的行为的，责令改正，处以罚款；情节严重的，责令停业整顿，降低资质等级或者吊销资质证书；造成建筑工程质量不符合规定的质量标准的，负责返工、修理，并赔偿因此造成的损失；构成犯罪的，依法追究刑事责任。

(15)建筑施工企业违反本法规定，不履行保修义务或者拖延履行保修义务的，责令改正，可以处以罚款，并对在保修期内因屋顶、墙面渗漏、开裂等质量缺陷造成的损失，承担赔偿责任。

2. 招标、投标法中的违法行为及其法律责任

（1）必须进行招标的项目而不招标的，将必须进行招标的项目化整为零或者以其他任何方式规避招标的，责令限期改正，可以处项目合同金额5‰以上10‰以下的罚款；对全部或者部分使用国有资金的项目，可以暂停项目执行或者暂停资金拨付；对单位直接负责的主管人员和其他直接责任人员依法给予处分。

（2）招标代理机构违反本法规定，泄露应当保密的与招标投标活动有关的情况和资料的，或者与招标人、投标人串通损害国家利益、社会公共利益或者他人合法权益的，处5万元以上25万元以下的罚款，对单位直接负责的主管人员和其他直接责任人员处单位罚款数额5%以上10%以下的罚款；有违法所得的，并处没收违法所得；情节严重的，暂停直至取消招标代理资格；构成犯罪的，依法追究刑事责任。给他人造成损失的，依法承担赔偿责任。前款所列行为影响中标结果的，中标无效。

（3）招标人以不合理的条件限制或者排斥潜在投标人的，对潜在投标人实行歧视待遇的，强制要求投标人组成联合体共同投标的，或者限制投标人之间竞争的，责令改正，可以处1万元以上5万元以下的罚款。

（4）依法必须进行招标的项目的招标人向他人透露已获取招标文件的潜在投标人的名称、数量或者可能影响公平竞争的有关招标投标的其他情况的，或者泄露标底的，给予警告，可以并处1万元以上10万元以下的罚款；对单位直接负责的主管人员和其他直接责任人员依法给予处分；构成犯罪的，依法追究刑事责任。前款所列行为影响中标结果的，中标无效。

（5）招标人在评标委员会依法推荐的中标候选人以外确定中标人的，依法必须进行招标的项目在所有投标被评标委员会否决后自行确定中标人的，中标无效。责令改正，可以处中标项目金额5‰以上10‰以下的罚款；对单位直接负责的主管人员和其他直接责任人员依法给予处分。

（6）任何单位违反本法规定，限制或者排斥本地区、本系统以外的法人或者其他组织参加投标的，为招标人指定招标代理机构的，强制招标人委托招标代理机构办理招标事宜的，或者以其他方式干涉招标投标活动的，责令改正；对单位直接负责的主管人员和其他直接责任人员依法给予警告、记过、记大过的处分，情节较重的，依法给予降级、开除。个人利用职权进行前款违法行为的，依照前款规定追究责任。

（7）依法必须进行招标的项目违反本法规定，中标无效的，应当依照本法规定的中标条件从其余投标人中重新确定中标人或者依照本法重新进行招标。

（8）投标人相互串通投标或者与招标人串通投标的，投标人以向招标人或者评标委员会成员行贿的手段谋取中标的，中标无效，处中标项目金额5‰以上10‰以下的罚款，对单位直接负责的主管人员和其他直接责任人员处单位罚款数额5%以上10%以下的罚款；有违法所得的，并处没收违法所得；情节严重的，取消其1~2年内参加依法必须进行招标的项目的投标资格并予以公告，直至由工商行政管理机关吊销营业执照；构成犯罪的，依法追究刑事责任。给他人造成损失的，依法承担赔偿责任。

（9）投标人以他人名义投标或者以其他方式弄虚作假，骗取中标的，中标无效，给招标人造成损失的，依法承担赔偿责任；构成犯罪的，依法追究刑事责任。

依法必须进行招标的项目的投标人有前款所列行为尚未构成犯罪的，处中标项目金额5‰以上10‰以下的罚款，对单位直接负责的主管人员和其他直接责任人员处单位罚款数额5%以上10%以下的罚款；有违法所得的，并处没收违法所得；情节严重的，取消其1~3年内参加依法必须进行招标的项目的投标资格并予以公告，直至由工商行政管理机关吊销营业执照。

(10)依法必须进行招标的项目，招标人违反本法规定，与投标人就投标价格、投标方案等实质性内容进行谈判的，给予警告，对单位直接负责的主管人员和其他直接责任人员依法给予处分。前款所列行为影响中标结果的，中标无效。

(11)评标委员会成员收受投标人的财物或者其他好处的，评标委员会成员或者参加评标的有关工作人员向他人透露对投标文件的评审和比较、中标候选人的推荐以及与评标有关的其他情况的，给予警告，没收收受的财物，可以并处3千元以上5万元以下的罚款，对有所列违法行为的评标委员会成员取消担任评标委员会成员的资格，不得再参加任何依法必须进行招标的项目的评标；构成犯罪的，依法追究刑事责任。

(12)中标人将中标项目转让给他人的，将中标项目肢解后分别转让给他人的，违反本法规定将中标项目的部分主体、关键性工作分包给他人的，或者分包人再次分包的，转让、分包无效，处转让、分包项目金额5‰以上10‰以下的罚款；有违法所得的，并处没收违法所得；可以责令停业整顿；情节严重的，由工商行政管理机关吊销营业执照。

(13)招标人与中标人不按照招标文件和中标人的投标文件订立合同的，或者招标人、中标人订立背离合同实质性内容的协议的，责令改正；可以处中标项目金额5‰以上10‰以下的罚款。

(14)中标人不履行与招标人订立的合同的，履约保证金不予退还，给招标人造成的损失超过履约保证金数额的，还应当对超过部分予以赔偿；没有提交履约保证金的，应当对招标人的损失承担赔偿责任。

(15)中标人不按照与招标人订立的合同履行义务，情节严重的，取消其2~5年内参加依法必须进行招标的项目的投标资格并予以公告，直至由工商行政管理机关吊销营业执照。

•第三节 刑 事 责 任•

一、刑事责任概述

1. 刑事责任的概念

刑事责任是指行为人因其犯罪行为依据刑事法律必须承受的由司法机关代表国家所确定的否定性法律后果。

《中华人民共和国刑法》(以下简称《刑法》)第13条规定：一切危害国家主权、领土完整和安全，分裂国家，颠覆人民民主专政的政权和推翻社会主义制度，破坏社会秩序和经济秩序，侵犯国有财产或者劳动群众集体所有的财产，侵犯公民私人所有的财产，侵犯公民的人身权利，民主权利和其他权利，以及其他危害社会的行为，依照法律应当受刑罚处罚的都是犯罪。但是情节显著轻微危害不大的，不认为是犯罪。由此可见犯罪具有危害社会、违反刑事刑法和应负刑事责任的特点。

2. 行为人承担刑事责任必须具备犯罪的构成条件

行为人承担刑事责任必须具备犯罪的4个构成条件，即犯罪客体，犯罪客观方面，犯罪主体和犯罪主观方面。犯罪客体是指由刑法所保护的为犯罪行为所侵犯的社会关系，犯罪之所以有社会危害性，是由犯罪客体决定的，不危害任何客体行为，就不可能被视为犯罪。犯罪客观方面是指行为人所实施的危害社会的行为。犯罪主体指到达法定责任年龄，具有责任能力实施危害社会行为的人，我国《刑法》规定的法定责任年龄为16周岁，此外行为人职权或身份对于某些犯罪（渎职罪等）的构成来说是必要的。犯罪主观方面指行为人主观上有过错。

3. 刑事责任的方式

我国《刑法》第32～35条规定：刑罚分为主刑和附加刑。主刑包括：管制、拘役、有期徒刑、无期徒刑、死刑。附加刑包括：罚金、剥夺政治权利、没收财产。附加刑也可以独立适用。

对于犯罪的外国人，可以独立适用或者附加适用驱逐出境。

二、公路建设中的主要刑事责任

1. 重大建筑质量事故罪

我国《刑法》规定，建设单位、设计单位、施工单位、工程监理咨询单位违反国家规定，降低工程质量标准，造成重大安全事故的，对直接责任人员，处5年以下有期徒刑或者拘役，并处罚金；后果特别严重的，处5年以上10年以下有期徒刑，并处罚金。

2. 玩忽职守和滥用职权罪

国家机关工作人员滥用职权或者玩忽职守，致使公共财产、国家和人民利益遭受重大损失的，处3年以下有期徒刑或者拘役；情节特别严重的，处3年以上7年以下有期徒刑。本法另有规定的，依照规定。

国家机关工作人员徇私舞弊，犯前款罪的，处5年以下有期徒刑或者拘役，情节特别严重的，处5年以上10年以下有期徒刑。本法另有规定的，依照规定。

3. 招标投标罪

投标人相互串通投标报价，损害招标人或者其他投标人利益，情节严重的，处3年以下有期徒刑或者拘役，并处或者单处罚金。

投标人与招标人串通投标，损害国家、集体、公民的合法利益的，依照前款的规定处罚。

4. 重大安全生产事故罪

我国《刑法》第134条规定：工厂、矿山、林场、建筑企业或者其他企业、事业单位的职工，由于不服管理、违反规章制度，或者强令工人违章冒险作业，因而发生重大伤亡事故或者造成其他严重后果的，处3年以下有期徒刑或者拘役；情节特别恶劣的，处3年以上7年以下有期徒刑。

我国《刑法》第135条规定：工厂、矿山、林场、建筑企业或者其他企业、事业单位的劳动安全设施不符合国家规定，经有关部门或者单位职工提出后，对事故隐患仍不采取措施，因而发生重大伤亡事故或者造成其他严重后果的，对直接责任人员，处3年以下有期徒刑或者拘役；情节特别恶劣的，处3年以上7年以下有期徒刑。

复习思考题

1. 什么是法律责任？从责任的性质上它可分为几种？
2. 什么是民事责任？它可分为哪几种？
3. 行政责任的特点有哪些？
4. 什么是刑事责任？刑事责任的方式有哪些？

第十三章 公路建设纠纷的解决

教学要求

1. 解释公路建设纠纷的概念；
2. 描述公路建设纠纷的解决方法；
3. 解释民事仲裁的概念，描述其特征；
4. 解释仲裁协议的概念；
5. 描述民事仲裁当事人的权利与义务；
6. 描述民事仲裁的程序；
7. 描述民事仲裁裁决的执行；
8. 解释民事诉讼的概念；
9. 描述民事诉讼与民事仲裁的关系；
10. 描述民事诉讼审理程序及执行措施；
11. 解释行政复议的概念，描述其目的和原则；
12. 描述行政复议程序；
13. 解释行政诉讼的概念，描述其特征及程序。

●第一节　概　　述●

一、公路建设纠纷

在有关公路建设的各个环节中，公路建设法律关系主体之间难免会发生权利与义务的纠纷，这些纠纷我们称之为公路建设纠纷。公路建设纠纷发生后，需要得到及时、合法的解决。这无论是对于保护当事人的合法权益，还是对于维护公路建设秩序，都具有重要意义。

二、公路建设纠纷的解决方法

公路建设法律关系可分为公路建设民事法律关系和公路建设行政法律关系，据此，公路建设纠纷也可相应分为两类性质完全不同的纠纷，即民事纠纷和行政纠纷。根据公路建设纠纷性质的不同，解决相应纠纷的方法也各异。

1. 公路建设民事纠纷的解决方法

公路建设民事纠纷是指平等主体的公民、法人或其他组织，作为公路建设法律关系的主体，在行使权利和履行义务的过程中发生的纠纷，也即平等公路建设主体之间据民商法律关系而发生的纠纷。公路建设民事纠纷主要包括以下内容:公路建设项目的勘察设计、施工、监理以及与工程建设有关的重要设备、材料的采购合同双方当事人之间发生的纠纷;公路建设中工程招、投标后,承包人与发包人之间发生的纠纷;因公路建设安全生产事故中的民事赔偿而发生的纠纷等等。

公路建设民事纠纷的解决方法包括:

(1)自己协商:民事纠纷是民事权利,当事人自己有处分权,如纠纷当事人自己能达成一致意见,法律予以保护和肯定。

(2)第三人调解:由民事纠纷当事人共同委托第三人居中调解达成一致意见。

(3)行政调解:民事纠纷当事人可将其纠纷提请行政机关居中调解。行政调解来源于人民政府为人民服务的宗旨,但行政调解不是行政裁决,调解不成应及时结束调解,而采用仲裁及民事诉讼的方法。

(4)民事仲裁:见本章第二节。

(5)民事诉讼:见本章第三节。

2. 公路建设行政纠纷的解决方法

公路建设行政纠纷是指公路建设管理机关与管理相对人在行使权力和履行义务的过程中发生的纠纷,也即公路建设管理机关与管理相对人之间据行政法律关系而发生的纠纷。公路建设行政纠纷主要包括以下内容:公路建设项目管理、公路工程招标投标、公路建设质量管理、公路工程验收和公路建设市场管理等过程中公路建设管理机关与管理相对人发生的纠纷,如政府交通主管部门对公路建设进行市场监管时,在项目法人资格审查等市场准入管理过程中,政府交通主管部门和项目法人或从业单位之间发生的纠纷等。

公路建设行政纠纷的解决方法包括:

(1)行政复议:见本章第四节。

(2)行政诉讼:见本章第五节。

•第二节　民 事 仲 裁•

一、民事仲裁概述

1. 民事仲裁的概念及特征

民事仲裁是指平等主体的公民、法人或其他组织,根据仲裁协议,自愿将其合同纠纷或其他财产权益纠纷,提交仲裁委员会,由该机构作出对全体当事人均有法律约束力的裁决的活动。民事仲裁有以下特征:

(1)受案范围的特定性。即仲裁只受理平等主体间发生的合同纠纷或其他财产纠纷,不受理行政争议,不受理平等主体间带有人身关系的婚姻、收养、监护、扶养、继承纠纷。

(2)民事仲裁的公断性。民事仲裁是由商会等部门组织的仲裁委员会来裁决的,仲裁委员会不是行政机关,也不是司法机关,是独立于争议各方的“公断”方。

(3)民事仲裁的自愿性。发生争议各方采用民事仲裁的方法是自愿的,到哪个仲裁机关仲裁是自愿的,选择哪个仲裁员仲裁是自愿的,自愿一致是民事仲裁的前提和基础。

(4)民事仲裁的一裁终局性。我国民事仲裁制度是实行“一裁定终身”的方法,仲裁机构仲裁后,当事人不得就同一纠纷再申请仲裁或者向人民法院起诉。如再申请或起诉,仲裁机构或人民法院也不予受理。

2. 仲裁协议

仲裁协议是民事主体同意把他们之间正在发生或已经发生的争议提交仲裁机构的书面意思表示。仲裁协议可以分为单独的仲裁合同和仲裁条款,前者是指当事人单独就仲裁达成的书面协议,后者是指当事人在合同中预先约定的仲裁条款;仲裁协议还可分为事先仲裁协议和事后仲裁协议,前者是指在纠纷发生前达成的仲裁协议,后者是指在纠纷发生后达成的仲裁协议。无论何种仲裁协议,都必须是书面的。

仲裁协议作为对民事当事人具有约束力的法律文书,其法律地位至关重要。主要表现为:

(1)对当事人来讲,仲裁协议约束了当事人解决争议的方式。我国《仲裁法》规定:“当事人达成仲裁协议的,一方向人民法院起诉的,人民法院不予受理,但仲裁协议无效的除外。”这就表明有了仲裁协议,当事人就只能选择仲裁的方式来解决争议。

(2)对仲裁委员会来讲,仲裁协议是仲裁委员会行使仲裁权的唯一根据。

(3)对法院来讲,仲裁协议是排除法院司法管辖权的法律凭证。即只要有仲裁协议,法院就无权受理此案件。

(4)仲裁协议具有证据作用,当事人事后达成了仲裁协议同时也就证明了他们之间民事纠纷的存在。

仲裁协议是一个重要的法律文书,因而《仲裁法》规定了它的有效性即有效条件:

①必须是民事纠纷当事人之间达成的协议;

②必须是书面形式;

③内容必须具有请求仲裁的意思表示、仲裁事项和选定的仲裁委员会。如果对仲裁事项或仲裁委员会没有约定或约定不明确的,当事人可以补充协议。但达不成补充协议的,仲裁协议无效。

无效的仲裁协议包括:

①约定的仲裁事项超出法律规定的仲裁范围的;

②无民事行为能力人或者限制民事行为能力人订立的仲裁协议;

③一方采取胁迫手段,迫使对方订立仲裁协议的。

当事人对仲裁协议的效力有异议的,可以请求仲裁委员会作出决定或者请求人民法院作出裁定。如一方请求仲裁机构裁定,另一方请求法院裁定的,由法院裁定。

3. 当事人的权利与义务

1)民事仲裁当事人的权利

(1)自愿采用仲裁的权利。

(2)选定仲裁员的权利。3 名仲裁员组成仲裁庭时由当事人各选 1 名或各自委托仲裁委员会主任指定 1 名,第 3 名仲裁员由当事人共同选定或共同委托仲裁委员会主任指定。独任仲裁员由当事人共同选定或共同委托仲裁委员会主任指定。

(3)请求仲裁员回避的权利。有下列情形,当事人有权要求仲裁员回避:仲裁员是本案当事人或者当事人、代理人的近亲属;与本案有利害关系或有其他关系可能影响公正仲裁的;私自会见当事人、代理人或者接受当事人、代理人的请客送礼的。回避申请,由仲裁委员会主任决定,主任担任仲裁员时由仲裁委员会集体决定。

(4)协议不开庭、公开开庭的权利。

(5)质证权。

(6)申请证据保全权。证据保全是指在证据可能灭失或者以后难以取得的情况下,当事人可申请人民法院采取措施予以保全。

(7)自行和解权。当事人申请仲裁后可以自行和解,达成协议的由仲裁庭制作调解书,调解书与裁决同样具有法律效力。

(8)对裁决书中文字、计算错误或遗漏事项,有权在30日内申请补正。

(9)委托代理人的权利。

2)民事仲裁当事人的义务

(1)当事人按期到庭参加仲裁,无正当理由不到庭或未经许可中途退庭的,仲裁庭对申请人可视为撤回仲裁申请,对被申请人可以缺席裁决。

(2)当事人对自己的主张有义务举证。

(3)自觉履行裁决和调解书的义务。

(4)缴纳仲裁费用的义务。

二、民事仲裁程序

仲裁程序是当事人及仲裁机构仲裁案件的操作规程,主要包括:

1. 申请和受理

申请和受理是仲裁程序的开始。

所谓仲裁申请是民事纠纷当事人根据仲裁协议,依法向仲裁机构提出对其纠纷进行仲裁的请求。提出仲裁的一方称为申请人,另一方称为被申请人。仲裁申请是一种法律行为,因此必须符合法定的条件:

(1)当事人申请时必须有仲裁协议。

(2)有具体的仲裁请求和事实、理由。

(3)属于仲裁委员会的受理范围。

(4)当事人必须提交仲裁申请书及副本、仲裁协议。

仲裁申请书是一种法律文书,有固定的格式及内容。根据《仲裁法》的规定,仲裁申请书应当载明的事项有:

①当事人姓名、性别、年龄、职业、工作单位和住所,法人或其他组织的名称、住所和法定代表人或者主要负责人姓名、职务。

②仲裁请求和所根据的事实和理由。

③证据和证据来源、证人姓名和住所。

所谓受理是指仲裁机构接受申请并审查申请,在法定期限内决定予以受理的活动。受理标志着仲裁程序的开始,仲裁机构收到申请后在5日内予以审查,认为符合受理条件的,应当受理并通知申请人;如不符合受理条件的,应当书面通知当事人不予受理并说明理由。

2. 开庭前的准备

仲裁机构在受理之后开庭之前,应进行开庭前的准备工作。主要有:

(1)仲裁规则规定的期限内将申请书副本、仲裁规则和仲裁员名册送达被申请人,将仲裁规则和仲裁员名册送达申请人。

(2)被申请人在收到申请书副本后,应在仲裁规则规定的期限内提交答辩书,不提交不影响仲裁程序进行。

(3)仲裁机构收到答辩书之后,在仲裁规则规定的期限内将答辩书副本送达申请人。

(4)依法组成仲裁庭,并书面通知当事人。仲裁庭可以由3名仲裁员或1名仲裁员组成(独任仲裁),3名组成时应设首席仲裁员。

(5)在仲裁规则规定的期限内将开庭日期通知双方当事人。仲裁应当开庭进行,但根据仲裁自愿原则,如当事人协议不开庭的,仲裁庭可以根据申请书、答辩书以及其他材料作出裁决。

3. 开庭

开庭是仲裁案件中的重要程序,可以分为公开开庭和不公开开庭两种形式。仲裁一般不公开进行,但当事人协议公开进行的除外。开庭包括以下几个阶段:

(1)由首席仲裁员宣布开庭并告知当事人权利义务。

(2)进行开庭调查。当事人宣读申请书、答辩书并介绍争议事实,开庭调查时所有证据都应出示并由当事人质证。

(3)开庭辩论。在事实调查清楚的基础上,当事人有权进行辩论。

(4)当事人自愿调解的,仲裁庭应当调解。

(5)征询当事人最后意见。

(6)宣布休庭,仲裁庭进行评议。评议时应当按照多数仲裁员意见作出裁决,少数仲裁员不同意见可以记入笔录。如不能形成多数人意见时,应按首席仲裁员意见作出裁决。

(7)宣布裁决。

4. 裁决

仲裁庭的裁决应制作书面裁决书,写明仲裁请求、争议事实、裁决理由和结果、仲裁费用的负担和裁决日期,但当事人协议不愿写明争议事实和裁决理由的可以不写。裁决书应由仲裁员签名、加盖仲裁委员会印章(持不同意见的仲裁员可以不签名)。仲裁庭对一部分事实清楚的,可以就该部分先行裁决。裁决书自作出之日起发生法律效力。

我国仲裁制度实行一裁终局制,因此裁决一经作出即发生法律效力,但不等于说一裁就百分之百的正确。为了体现有错必纠的思想,我国《仲裁法》规定了申请撤销裁决的制度。申请撤销裁决是指当事人能提出证据证明仲裁裁决确有错误的,可以向仲裁委员会所在地的中级人民法院申请撤销裁决。这一制度和仲裁一裁终局制并不矛盾,其原因在于:一是仲裁委员会不具有司法强制执行力,如需强制执行仍需申请法院强制执行,而我国民事诉讼法早已确定了执行监督审查制;二是体现了司法对仲裁的监督,有利于维护当事人的合法权益。

当事人申请撤销的时效为自收到裁决书之日起6个月内。人民法院受理申请后应在受理之日起2个月内作出撤销或者驳回申请的裁定。裁定撤销的,仲裁庭可以重新仲裁,如其拒绝重新裁定,该裁决不发生法律效力。

三、民事仲裁裁决的执行

民事仲裁裁决当事人应自觉履行裁决书所确定的义务，如拒不履行，另一方当事人有权依照民事诉讼法的规定向人民法院申请强制执行。

民事仲裁裁决的执行是指人民法院经民事仲裁裁决当事人申请，采取强制措施将民事仲裁裁决书中的内容付诸实现的行为和程序。执行仲裁裁决是使当事人的权利得以实现的有效保证，也是仲裁制度得以存在和发展的最终保证。民事仲裁裁决的执行必须符合以下条件：

(1)必须有当事人的申请。

(2)当事人必须在法定期限内提出申请。关于申请执行的期限，我国《仲裁法》规定，当事人可以依照《民事诉讼法》的有关规定办理，即双方或一方当事人是公民的为1年，双方是法人或者其他组织的为6个月。此期限从法律文书规定履行期间的最后1日起计算；法律文书规定分期履行的，从规定的每次履行期间的最后1日起计算。

(3)当事人必须向有管辖权的人民法院提出申请。

在执行程序中，双方当事人可以自行和解。

•第三节　民 事 诉 讼•

一、民事诉讼概述

1. 民事诉讼的概念

所谓诉讼，通俗讲就是打官司。它是指由司法机关、诉讼当事人及其他诉讼参加人共同参加的，依照法定的程序和方式来解决当事人之间纠纷的活动。

所谓民事诉讼是由人民法院主持，依照我国《民事诉讼法》规定的程序和方式，来解决民事当事人之间因民事权利能力和行为能力、所有权、债权、婚姻权、知识产权等民事权利发生纠纷的活动。

公路建设纠纷的民事诉讼是民事诉讼中的一种，它是指由人民法院主持，依照我国《民事诉讼法》规定的程序和方式，来解决公路建设平等法律关系主体之间所发生的等价有偿关系纠纷的活动。

采用民事诉讼的方式来解决公路建设的民事纠纷，不仅可以彻底解决纠纷，还可以借此案件广泛地进行法制宣传教育，以提高人们的法律意识，增强人们遵守法律的自觉性，保障公路建设事业健康发展。

2. 民事诉讼与民事仲裁的关系

民事诉讼和民事仲裁都是由第三者居中来解决民商案件当事人的争议，都具有一定的法律约束力，当事人对仲裁裁决不履行的，对方当事人可以向人民法院申请执行，这是二者相同和互相联系的一面。

民事诉讼和民事仲裁的区别是：

(1)行为性质不同。诉讼属于国家的司法行为，而仲裁则属于公断行为。

(2)提起的前提条件不同。诉讼的提起条件必须是案件当事人在合同中没有订有仲裁条款或者事后没有达成书面仲裁协议的,方可提起诉讼;民事仲裁的提起条件必须是案件当事人自愿达成的仲裁协议,有仲裁协议的,不得向法院起诉。

(3)处理的机关不同。法院是处理民事诉讼的机构,它是国家的审判机关,其审判权是国家固有的权利,其判决的效力来源于司法强制力;仲裁委员会是民间仲裁机构,它是民间性质的社会团体,之所以享有仲裁权,是因为国家法律或法规的授权和案件当事人的自愿。

(4)适用的程序不同。民事诉讼适用于民事诉讼法,如当事人对审判员只是提出回避,不能自行选定,而民事仲裁适用仲裁规则,如仲裁员是当事人选定的。

(5)裁决的效力不同。民事诉讼实行两审终审,法院只能对发生法律效力的一审或二审判决予以执行;民事仲裁实行一次仲裁,因此裁决是终局行为,当事人不服的,不得再向法院起诉,如一方不履行仲裁裁决,对方可直接申请法院予以执行。

民事纠纷的当事人只能选择民事仲裁或民事诉讼中的一种,若选择了其中的一种,就不能选择另一种。

二、民事诉讼审理程序

民事诉讼审理程序包括民事争议案件的审理程序和民事非争议案件的审理程序。由于公路建设民事纠纷属于民事争议案件,因而在此只介绍民事争议案件的审理程序。

民事争议案件的审理程序按审级不同分为一审程序、二审程序和再审程序,其中第一审程序又分为第一审普通程序和第一审简易程序。

1. 第一审普通程序

普通程序是人民法院审理第一审民事案件通常所适用的程序,也是民事案件的当事人进行第一审民事诉讼通常所遵循的程序。普通程序是最完整的民事诉讼审判程序,是民事诉讼审判中的基础程序,在适用中具有独立性和广泛性。普通程序包括以下几个阶段:

(1)起诉和受理。

(2)庭审前的准备。

(3)开庭审理。

2. 第一审简易程序

简易程序是指基层人民法院及其派出法庭审理简单民事案件和简单经济纠纷案件所适用的程序。适用简易程序的案件只能是事实清楚、权利义务关系明确、争议不大的简单的民事案件。

3. 第二审程序

第二审程序又称上诉审程序或终审程序,是指由于民事诉讼的当事人不服地方各级人民法院生效的第一审裁判而在法定期间内向上一级人民法院提起上诉而引起的诉讼程序,是第二审级的人民法院审理上诉案件所适用的程序。一个案件经过二审程序审理并作出裁判后,诉讼即告终结,二审作出的判决立即发生法律效力。

4. 再审程序

再审程序也称审判监督程序,是指对已经发生法律效力的判决、裁定、调解书,人民法院认为确有错误,对案件再行审理的程序。再审程序只是纠正生效裁判错误的法定程序,它不是案件审理的必经程序,也不是诉讼的独立审级。再审的案件,原来是第一审审结的,再审时适用第一审程序审理;再审的案件原来是第二审审结的,再审时适用第二审程序审理;最高人民法院和上级人民法院提审的案件,一律适用第二审程序审理。按照第一审程序再审后所作的判决、裁定,当事人不服可以上诉;按照第二审程序再审后所作的判决、裁定为终审裁判,当事人不得上诉。

三、民事执行

民事执行是指人民法院的执行组织依照法定的程序,对发生法律效力的法律文书确定的给付内容,以国家的强制力为后盾,依法采取强制措施,迫使义务人履行义务的行为。

民事执行的主体包括执行机构和执行当事人。执行机构是指依法负责执行法律文书的职能机构。我国的民事执行机构是由基层人民法院或中级人民法院内部设置的负责执行工作、实现执行任务的专门职能机构。执行当事人是指执行程序中的债权人和债务人,也就是执行根据上写明的债权人和债务人。民事执行的客体是执行行为的对象,是债务人用于履行义务的对象,包括债务人所有或有权处分的物以及行为,不包括人身。

民事执行程序的开始有两种形式,即申请执行和移送执行。执行措施大致有以下 8 种:

(1)冻结、划拨、扣留和提取被执行人的存款或收入。

(2)查封、扣押、冻结、拍卖和变卖被执行人的财产。

(3)搜查被执行人的财产。

(4)强制被执行人交付法律文书指定的财物或凭证。

(5)强制被执行人迁出房屋或退出土地。

(6)强制被执行人完成法律文书指定的行为。

(7)办理财产权证照转移手续。

(8)强制被执行人支付迟延履行期间债务利息及迟延履行金。

执行程序因执行根据效力的丧失或执行根据内容的满足而结束。

•第四节　行政复议•

一、行政复议概述

1. 行政复议的概念、目的和原则

行政复议是指公民、法人或其他组织认为行政机关的具体行政行为侵犯其合法权益,按照法定的程序和条件向作出该具体行政行为的上一级行政机关或法定机关提出申请,由受理申请的行政机关对该具体行政行为进行复查并作出复议决定的活动。行政复议概念包括以下几层含义:

(1)行政复议只能由作为行政相对人的公民、法人或其他组织提起。在行政复议中,作出具体行政行为的行政机关或法律、法规授权的组织只能作为被申请人。

(2)行政复议权只能由法定机关行使。行政复议是行政机关内部解决行政争议,出于司法公正的考虑,行政复议原则上采取由上一级复议的原则,只有在某种特殊情况下才由原行为机关复议。

(3)行政复议对于公民、法人和其他组织是维护其合法权益的一种程序性权利,不得被非法剥夺,但公民、法人或其他组织可以自主处分自己的程序性权利,即可以提起行政复议,也可以放弃行政复议的权利。然而,当行政复议作为行政诉讼的前置程序,法律、法规要求必须先经过行政复议才能提起行政诉讼时,公民、法人或其他组织提起行政诉讼则必须先申请复议,如果放弃申请行政复议,就无权再提起行政诉讼。

(4)行政复议的对象原则上只能是行政机关作出的具体行政行为。行政相对人对行政机关制定的具有普遍约束力的规范性文件不服,只能在对具体行政行为提起行政复议申请时一并提出,而不能单独对抽象行政行为提起行政复议,要求行政复议机关予以审查。而且,对抽象行政行为附带要求审查,也只能是针对某些特定的规范性文件,而不是全部抽象行政行为。

建立行政复议制度的目的在于保护公民、法人或其他组织的合法权益,防止和纠正违法或不当的行政行为,监督和保障行政机关依法行使职权。行政复议遵循合法、公正、公开、及时、便民和有错必纠的原则,这体现了行政机关为人民服务的宗旨。

2. 行政复议的范围

根据我国《行政复议法》的规定,行政复议受案范围包括下列几类具体行政行为:行政处罚案件、行政强制措施案件、许可证管理案件、行政确权案件、侵犯法定经营自主权案件、农业承包合同案件、违法要求履行义务案件、行政许可案件、不履行法定职责案件、行政给付案件、行政机关其他具体行政行为侵权引发的争议。

3. 行政复议参加人

行政复议参加人是指与争议的具体行政行为有利害关系而参加行政复议,并在行政复议中享有权利,承担义务的主体。从行政复议的实践看,行政复议参加人主要有:

(1)申请人。行政复议申请人是指认为行政主体的具体行政行为侵害其合法权益,以自己的名义向行政复议机关提出申请,要求对该具体行政行为进行复查并依法作出裁决的人。申请人应当具备以下条件:第一,申请人是作为行政相对人的公民、法人或其他组织;第二,申请人必须是认为具体行政行为侵犯其合法权益的人,即申请人与被申请复议的具体行政行为有法律上的利害关系。申请人提起行政复议必须符合申请复议的时效规定,符合复议范围规定;而且必须以自己的名义提起行政复议。但有权申请复议的公民死亡,其近亲属可以申请复议;有权申请复议的公民如为无行为能力或限制行为能力人,其法定代理人可以代理申请复议;有权申请复议的法人或者其他组织终止,承受其权利的法人或者其他组织可以申请复议。

(2)被申请人。公民、法人或者其他组织对行政主体的具体行政行为不服而申请复议的,该作出被申请复议的具体行政行为的行政机关为被申请人。被申请人必须具备下列条件:第一,被申请人必须是行政主体,包括行政机关和法律、法规授权的组织;第二,被申请人必须实施了被申请复议的具体行政行为。如两个或两个以上的行政机关以共同名义作出具体行政行为,共同作出具体行政行为的行政机关是共同被申请人;法律、法规授权的组织作出的具体行政行为,该组织是被申请人;行政机关委托的特定组织和个人实施具体行政行为的,作出委托的行政机关是被申请人;作出具体行政行为的行政机关被撤销的,继续行使其职权的行政机关是被申请人。

(3)第三人。同申请行政复议的具体行政行为有利害关系,申请参加或者由复议机关通知参加的申请人与被申请人以外的其他公民、法人或其他组织,为行政复议第三人。

(4)代理人。行政复议中接受当事人的委托,以被代理人的名义代理他人进行复议的人,为行政复议代理人。行政复议代理人分为法定代理人、指定代理人和委托代理人3类。复议代理人必须以被代理人的名义,在代理权限范围内实施代理行为,其依法参加复议的法律后果由被代理人承担。

4. 行政复议的管辖

行政复议管辖是指行政复议机关受理复议申请的权限和分工,即某一行政争议发生后,应当由哪一个行政机关来行使行政复议权。根据《行政复议法》的规定,复议管辖的确定方法为:

(1)对县级以上地方各级人民政府工作部门的具体行政行为不服提起复议的,该部门的本级人民政府或者上一级主管部门为复议机关;但对海关、金融、国税、外汇管理等实行垂直领导的行政机关和国家安全机关的具体行政行为不服提起复议的,其上一级主管部门为复议机关。

(2)对地方各级人民政府(省级以下,不含省级)的具体行政行为不服提起复议的,其上一级人民政府为复议机关;对省、自治区人民政府依法设立的派出机关所属的县级地方人民政府的具体行政行为不服提起复议的,该派出机关为复议机关。

(3)对国务院部门或者省、自治区、直辖市人民政府的具体行政行为不服提起复议的,作出该具体行政行为的国务院部门或者省、自治区、直辖市人民政府为复议机关。

(4)对县级以上地方人民政府依法设立的派出机关的具体行政行为不服提起复议的,设立该派出机关的人民政府为复议机关。

(5)对政府工作部门依法设立的派出机构依法以自己名义作出的具体行政行为不服提起复议的,设立该派出机构的部门或者该部门的本级地方人民政府为复议机关。

(6)对法律、法规授权的组织的具体行政行为不服提起复议的,直接管理该组织的地方人民政府、地方人民政府工作部门或者国务院部门为复议机关。

(7)对两个或者两个以上行政机关以共同的名义作出的具体行政行为不服提起复议的,其共同上一级行政机关是复议机关。

(8)对被撤销的行政机关在撤销前所作出的具体行政行为不服提起复议的,继续行使其职权的行政机关的上一级行政机关为复议机关。

二、行政复议程序

1. 行政复议申请

公民、法人或其他组织依法向行政复议机关提出请求,要求对被申请复议的具体行政行为进行审查并对其作出决定的活动,称为行政复议申请。复议申请是引起复议程序的唯一原因,但提起复议并不意味着必然产生行政程序,只有符合法定条件的申请才能引起行政复议。

2. 行政复议受理

复议申请人提出复议申请后,行政复议机关经审查认为符合条件而决定立案受理的活动,称为行政复议受理。复议机关接到复议申请后,应当在5日内进行审查,决定是否受理。符合立案条件的,应当立案受理;凡是不符合法定条件的,裁定不予受理。

作出受理与否的决定是行政复议机关的义务,如复议机关无正当理由不予受理的,上级行政机关应当责令其受理；必要时，上级行政机关也可以直接受理。

3. 行政复议审理

复议机关受理复议申请后，对复议申请的具体行政行为所依据的事实和规范性文件进行全面审查的活动，称为行政复议审理。行政复议实行书面复议制度，即只对案卷进行审理；但申请人提出要求或复议机关认为有必要时，可以采取其他方式审理复议案件，如向有关组织和人员调查情况，听取申请人、被申请人、第三人和专家的意见等。

审理活动包括复议机关自受理之日起 7 日内将申请书副本送达被申请人；被申请人在收到申请书副本之日起 10 日内答辩；阅读案卷；评议案件事实和适用法律情况；作出审理决定。

4. 行政复议决定

复议机构对复议案件进行初步审查，提出意见，经行政复议机关的负责人审查同意或集体讨论通过后，就有关具体行政行为是否合法、适当作出书面裁断的活动，称为行政复议决定。复议决定分为：维持决定、履行决定、变更决定、撤销决定、确认决定、责令被申请人赔偿的决定。

复议决定应制作复议决定书，复议决定的期限为收到复议申请书之日起 60 日内作出（法律、法规另有规定除外）。

三、行政复议决定的执行

对复议决定，申请人和被申请人应当履行。被申请的具体行政行为被撤销的，该具体行政行为不发生法律效力；被变更的，变更决定发生法律效力；限期履行的，被申请人应在一定期限内履行职责。

申请人在维持决定作出后应予执行，如不起诉也不履行的，由行政机关直接申请人民法院强制执行。

●第五节　行政诉讼●

一、行政诉讼概述

1. 行政诉讼的概念

行政诉讼是指人民法院应公民、法人或其他组织的请求，通过法定程序审查具体行政行为的合法性，从而解决一定范围内行政争议的活动。

与其他解决行政争议的制度或途径相比，行政诉讼是一种司法活动。在我国，行政争议的解决途径不止行政诉讼一种，既有行政系统内部的解决方式，如行政申诉处理活动以及行政复议制度，也有权力机关的个案监督方式。而行政诉讼的主持者是法院，它既有别于且独立于行政机关，又不同于权力机关，在它的主持下，行政诉讼的进行要遵循法定的诉讼程序，诸如：起诉、受理、开庭举证、质证、辩论、陈述、裁判、执行等，其司法化与制度化程度远非其他途径可比。

行政诉讼的主要特征有：

（1）从行政诉讼产生的原因看，行政诉讼是因为行政法律关系主体中行政机关管理的相对人不服行政机关或行政机关工作人员的具体行政行为而引起的。例如,项目法人不服运输交通主管部门对其给予责令停工的处罚决定。

行政行为是行政机关或行政机关工作人员代表其机关所从事的管理活动。它包括两种方式:一种是作为,即积极的行为,如公安部门主动追究违法人的法律责任;另一种是不作为,即消极地不履行职责,如运输管理部门负有在30天之内向申请运营证的申请人予以答复颁发或不颁发的决定,到期后运输管理部门不予答复即为不作为。

行政行为可以分为具体行政行为和抽象行政行为。这两种行政行为的主要区别是:从行为的效果来看,抽象行政行为是对将来发生的事项进行管理,而具体行政行为是对已经发生或正在发生的事项进行管理;从适用的范围来看,抽象行政行为适用于不特定的人,有普遍约束力,而具体行政行为则适用于特定的人,无普遍约束力;从行为的表现形式看,抽象行政行为大多为立法行为,用条文、命令、规定来表现,而具体行政行为大多为执法行为,用具体的处理决定来表现。

行政管理的相对人对具体行政行为不服,如提起诉讼即为行政争讼(在未提起诉讼之前称行政争议)。行政争议是产生行政诉讼的前提。

(2)从行政诉讼的当事人来看,行政诉讼中的被告是特定的作出具体行政行为的行政机关或作出具体行政行为的行政工作人员所属的行政机关,即具有"民告官"的特征。

(3)从法院对待行政争议的态度看,法院采用"不告不理"的原则。法院不能主动受理,也不能动员行政相对人起诉。因为主动受理是不符合诉讼基本理论的。无"诉"则不能成其论。诉权是公民、法人或其他组织的,是否行使由其本人决定。一旦起诉,行政机关或行政机关工作人员的具体行政行为是否合法便会处于一种不确定的状态之下,这种不确定状态必须在二审终审判决之后方能见分晓,显然这对提高行政效率将会产生一定影响。同时,主动受理也会给法院带来极大压力,诉讼量猛增,审判人员难以应付,造成司法资源的浪费。

(4)从行政诉讼中争讼各方的法律地位来看,争讼各方(原告、被告、第三人)的法律地位是平等的。这一点在行政诉讼中具有特殊意义。在行政管理过程中,原告、被告之间是管理与被管理的关系,而在诉讼中(从起诉至执行完毕)没有平等就没有公平的诉讼,因此平等对于正确解决行政争讼是必不可少的。

2. 行政复议与行政诉讼的关系

行政复议与行政诉讼都是因具体行政行为而引起,都是以解决行政争议为直接目的,都是以对具体行政行为的合法性进行审查为核心,因而适用的很多规则是相同的。

1)行政复议与行政诉讼的联系

行政复议与行政诉讼之间的联系主要表现在程序上的衔接。行政复议与行政诉讼在程序上的衔接可以分为以下几种情况:

(1)选择型。即由公民、法人或其他组织在行政复议与行政诉讼之间自由选择,在选择了行政复议后如对复议决定不服,仍可提起行政诉讼。我国绝大多数法律、法规都是这样规定的。

(2)选择兼终局型。即由公民、法人或其他组织自由选择行政复议或行政诉讼,但选择了行政复议后即不得再提起诉讼,如《中华人民共和国公民出境入境管理法》和《中华人民共和国外国人入境出境管理法》作了这样的规定。

(3)必经型。即行政复议是行政诉讼的必经程序。通常称为复议先行或复议前置。公民、法人或其他组织不服行政机关的具体行政行为,必须先向行政机关申请复议,如不服复议决定,再行起诉,未经复议不得起诉,如《中华人民共和国集会游行示威法》等作了这样的规定。

(4)复议终局型。即以行政复议决定为终局决定,公民、法人或其他组织只能申请复议,不能提起行政诉讼,且行政复议决定产生最终的法律效力。

2)行政复议与行政诉讼的区别

由于行政复议是行政系统内部解决行政争议的制度,因此,它与由独立于行政机关以外的法院解决行政争议的行政诉讼存在许多区别:

(1)性质不同。行政复议是由上一级行政机关对下一级行政机关所作具体行政行为进行的审查,整个过程都在行政系统内部进行,因而具有形式意义上的行政行为的特征。行政诉讼则是人民法院对行政机关所作具体行政行为实施的司法监督,属于司法行为。

(2)受理机关不同。行政复议的受理机关是做出具体行政行为的行政机关所属的人民政府或其上一级主管部门,而受理行政诉讼的机关则是人民法院。

(3)受案范围不同。人民法院所受理的行政案件,只是公民、法人或其他组织认为行政机关的具体行政行为侵害其合法权益的案件,而复议机关所受理的则既有行政违法案件,也可以有行政不当案件。也就是说,凡是能够提起行政诉讼的行政争议,公民、法人或其他组织都可以向行政机关申请复议,而可能提起行政复议的未必能够提起行政诉讼。如法律规定行政复议终局决定的,当事人即不得提起行政诉讼。

(4)审查范围不同。人民法院只审查具体行政行为的合法性,而一般不审查其是否适当;复议机关不仅审查具体行政行为是否合法,而且还要审查其是否适当。行政诉讼是"不告不理",行政复议则是"有错必纠",这意味着复议的范围不局限于申请人的申请。

(5)审理程序规则不同。人民法院审理行政案件完全是按照司法程序进行,而行政复议由于是行政系统内部上级对下级的监督,故二者在审理程序规则方面存在许多差别。人民法院审理行政案件实行的是两审终审,公开开庭审理制度;行政复议则基本上实行一级复议制度,以书面复议为原则。较之行政诉讼程序,行政复议程序比较灵活、简便。

二、行政诉讼程序

行政诉讼审理程序与民事诉讼一样,也可分为一审程序、二审程序和再审程序。这些程序所包括的阶段与民事诉讼相似。

行政诉讼的起诉期限可分为一般期限和特殊期限两类。一般期限包含两种情形:经复议的一般起诉期限是15日,即在收到复议决定书之日起15日内向人民法院起诉,或复议机关逾期不作决定的,复议期满之日起15日内向人民法院起诉;直接向人民法院提起诉讼的一般期限是知道作出具体行政行为之日起3个月内提出。至于特殊诉讼时效则取决于单行法律、法规的规定。特殊诉讼时效优于一般诉讼时效。

三、行政诉讼的执行

行政诉讼执行是指行政案件当事人逾期拒不履行人民法院生效的法律文书,人民法院和有关行政机关运用国家强制力量,依法采取强制措施,促使当事人履行义务,从而使生效法律文书的内容得以实现的行为。其特征如下:

(1)执行的主体不仅仅包括人民法院,还包括有行政强制权的行政机关。这是行政诉讼执行和民事诉讼执行的区别。

(2)执行申请人或被申请执行人有一方是行政机关。

(3)强制执行的根据是已生效的诉讼文书,包括行政判决书、行政裁定书、行政赔偿判决书和行政赔偿调解书。

(4)强制执行的目的是实现已生效的法律文书所确定的义务。

行政诉讼执行的主体包括执行机关、执行当事人、执行参与人和执行异议人。行政诉讼执行所依据的生效法律文书必须具有可供执行的内容,通常包括物的给付、特定行为的执行和对人身的强制行为等。

行政诉讼执行程序由提起、审查、准备、中止、终结、和解、完毕、补救等一系列独立的环节组成。执行措施包括:

(1)对行政机关的执行措施。这些措施大多是间接强制性的,如通知银行从行政机关的账户内划拨、对行政机关处以罚款、司法建议处理、对主要负责人或者直接责任人员进行罚款甚至追究刑事责任等。

(2)对公民、法人或者其他组织的执行措施。《行政诉讼法》未对此作出具体规定,实践中可参照《民事诉讼法》的有关规定。

行政诉讼执行申请必须在法定期限内提出。申请人是公民的,申请执行生效的司法文书的期限为 1 年,申请人是行政机关、法人或者其他组织的为 180 日。申请执行的期限从法律文书规定的履行期间最后 1 日起计算;法律文书中没有规定履行期限的,从该法律文书送达当事人之日计算。

复习思考题

1. 什么是公路建设纠纷?其解决方法有哪些?
2. 民事仲裁有哪些特征?
3. 何谓民事诉讼?它与民事仲裁的关系如何?
4. 什么是行政复议?它的范围如何?
5. 行政诉讼的主要特征有哪些?行政诉讼与行政复议的关系如何?

参考文献

[1] 卞耀武. 中华人民共和国公路法实务全书. 北京:印刷工业出版社,1999
[2] 史鸿滨. 公路建设法律法规及文件汇编. 长春:吉林科学出版社,2001
[3] 国务院法制局农林城建司,建设部体改法规司,建筑业司. 中华人民共和国建筑法释义. 北京:中国建筑工业出版社,1997
[4] 国家计委政策法规司,国务院法制办财政金融法制司. 中华人民共和国招标投标法释义. 北京:中国计划出版社,1999
[5] 胡康生. 中华人民共和国合同法释义. 北京:法律出版社,1999
[6] 建设部人事教育劳动司、体改法规司. 建设法规教程. 北京:中国建筑工业出版社,1996
[7] 朱宏亮. 建设法规. 武汉:武汉工业大学出版社,2000
[8] 刘文锋,周东明,邵军义. 建设法规教程. 北京:中国建材工业出版社,2001
[9] 田文. 公路建设法规概论. 北京:人民交通出版社,2004
[10] 张建仁. 工程费用监理. 北京:人民交通出版社,1999